# Forum Geschichte 2

## Luxemburg

Die Frühe Neuzeit

Herausgegeben von
Hans-Otto Regenhardt

Cornelsen

# Forum Geschichte

Band 2 wurde erarbeitet von
Hans-Otto Regenhardt, Claudia Tatsch

Redaktion: Friederike Terpitz
Bildassistenz: Dagmar Schmidt
Grafik: Peter Herlitze, Berlin
Karten: Carlos Borell, Berlin
Layout und technische Umsetzung: L101 Mediengestaltung, Berlin
Umschlaggestaltung: Klein & Halm Grafikdesign, Berlin
Umschlagbild: Das großherzogliche Palais in Luxemburg-Stadt, Foto 2006 (Hintergrund);
Statue der Consolatrix Afflictorum in der Kathedrale von Luxemburg, Foto 2008 (Vordergrund)

**www.cornelsen.de**



1. Auflage, 1. Druck 2012

Alle Drucke dieser Auflage sind inhaltlich unverändert
und können im Unterricht nebeneinander verwendet werden.



Druck: CS-Druck CornelsenStürtz, Berlin

ISBN 978-3-06-065127-6

Inhalt gedruckt auf säurefreiem Papier aus nachhaltiger Forstwirtschaft.

# Liebe Schülerin, lieber Schüler!

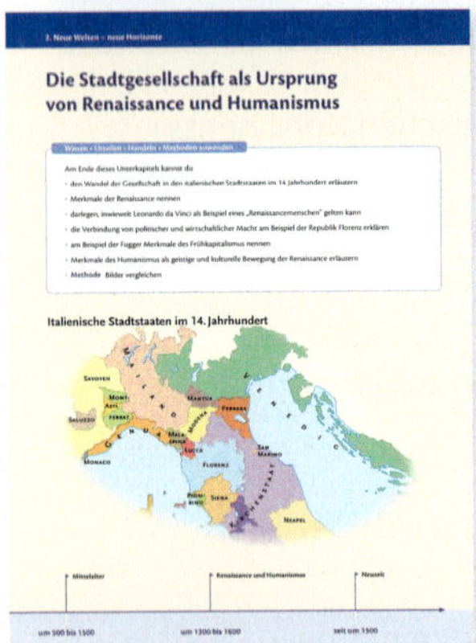


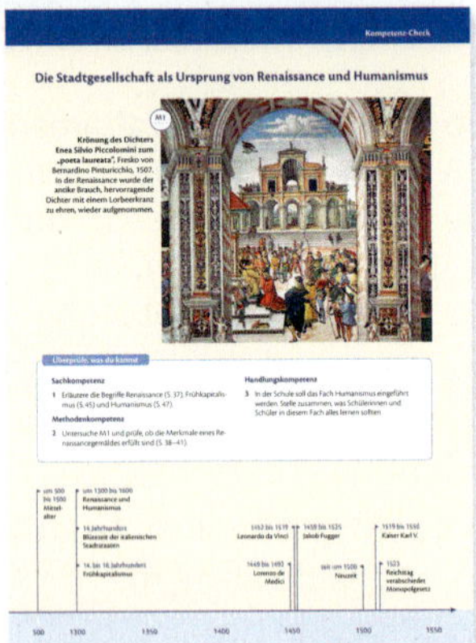


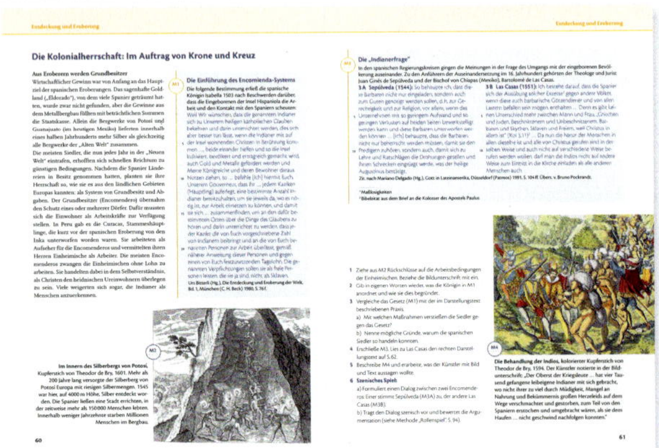


Vor dir liegt der zweite Band von **Forum Geschichte**, mit dem du in der nächsten Zeit arbeiten wirst. Die Verfasserinnen und Verfasser des Buches haben für dich viele Quellen und Informationen zusammengestellt. Diese geben Auskunft darüber, was Menschen vor langer Zeit bewegt hat und womit sie sich heute noch beschäftigen.

### Auftaktseiten

Jedes Kapitel beginnt mit einer Auftaktdoppelseite. Bilder und Leitfragen geben dir eine erste Vorstellung von den Themen und Fragen, um die es in den folgenden Geschichtsstunden gehen wird.

### Kompetenz-Seiten

Jedes Kapitel teilt sich in Themenabschnitte, die mit einer **Orientierungsseite** beginnen. Du findest hier eine Übersicht über die Fähigkeiten („Kompetenzen"), die du in diesem Abschnitt erwerben und anwenden kannst.
Der Themenabschnitt endet mit der **Kompetenz-Check-Seite**, auf der du deine Fähigkeiten überprüfen kannst.

### Themenseiten

Die Themenseiten bilden den Kern des Kapitels. Meistens kannst du auf einer Doppelseite eine Themeneinheit zu einem wichtigen Problem aus der Geschichte erarbeiten. Dazu findest du Materialien wie schriftliche Quellen, Bilder, Karten, Schaubilder und Tabellen, die du mithilfe von Arbeitsaufträgen befragst und auswertest. Der Darstellungstext am Beginn der Themeneinheit vermittelt dir einen Überblick über das Thema. Er gibt dir einen roten Faden in die Hand, der dich durch die Arbeit mit den Materialien leitet.

M1 M1 M1

Alle **Textmaterialien** sind in Hellblau unterlegt, ihre Materialpunkte haben unterschiedliche Farben: Gelb für Quellen aus vergangener Zeit, Rot für heutige Darstellungen, z. B. von Wissenschaftlern oder Journalisten. Alle übrigen Materialien haben einen blauen Punkt.

### Methoden- und Werkstattseiten

In jedem Kapitel findest du Werkstattseiten und Methodenseiten. Auf den **Methodenseiten** kannst du lernen, mit welchem „Handwerkszeug" du aus den Materialien Erkenntnisse und Urteile gewinnst. Du findest hier Arbeitsschritte, mit deren Hilfe du zum Beispiel ein Bild, eine Karte oder eine schriftliche Quelle auswertest.
Auf den **Werkstattseiten** kannst du immer etwas selbst machen.

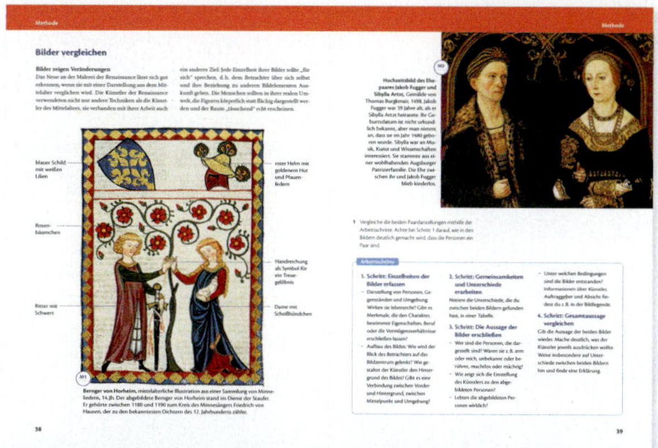


### Überblick

Am Ende des Kapitels kannst du dir mithilfe eines längeren Textes und eines Schaubildes noch einmal die wichtigsten historischen Zusammenhänge verdeutlichen.

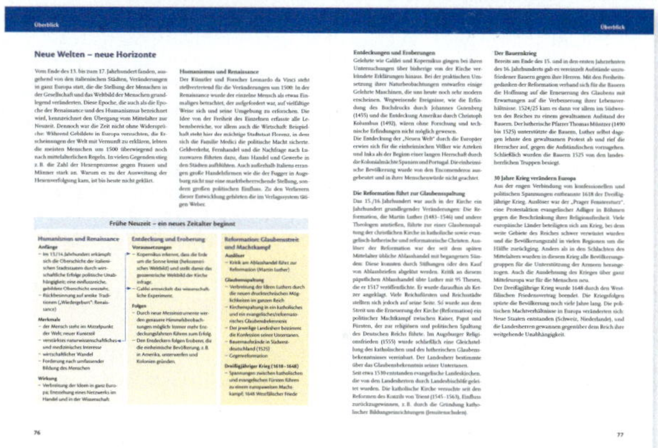


### Anhang

- **Lexikon**
  Auf den Themenseiten sind manche Wörter mit einem * gekennzeichnet. Diese Begriffe werden im Lexikon erklärt.
- **Methodenübersicht**
  In der Methodenübersicht kannst du die Arbeitsschritte noch einmal nachschlagen, die du auf den Methodenseiten in Band 1 und 2 von Forum Geschichte kennen gelernt hast.
- **Historische Sachverhalte beschreiben und erörtern**
  Hier findest du Anregungen und Hilfen, wie du bei der Bearbeitung der Arbeitsaufträge historische Sachverhalte angemessen darstellen kannst.
- **Register**
  Das alphabetische Register am Ende des Buches hilft dir, Informationen über Personen, Ereignisse und wichtige Begriffe im Buch schnell zu finden.

Die **Kästen**, die mit einem blauen Balken gekennzeichnet sind, informieren dich über wichtige Personen, Begriffe oder Ereignisse. Sie geben dir aber auch Tipps für Bücher oder Internetseiten.

Die **Arbeitsaufträge** erkennst du an einer blauen Zahl. Wie die Materialien sind sie innerhalb einer Themeneinheit durchnummeriert. Einige Themen könnt ihr zu zweit oder in Gruppen erarbeiten. Darauf wirst du an entsprechender Stelle hingewiesen.

**1**
**2**
**3**

Vorschlag für eine Gruppenarbeit

# 1. Was die Menschen im Mittelalter voneinander wussten

Die große Weltkarte wird von der Figur des Christus gehalten. In ihrem Zentrum befindet sich der „Nabel der Welt": Jerusalem. Eine Karte, die nicht nach Norden ausgerichtet ist, sondern nach Osten – so erscheint uns heute die Weltkarte aus dem niedersächsischen Kloster Ebstorf ungewohnt und fremd. Sie ist im 13. Jahrhundert entstanden und gilt als die größte mittelalterliche Weltkarte. Vieles darüber, wie die Menschen damals die Welt gesehen haben, teilt sie uns mit. Manches bleibt rätselhaft, z. B. welchem Zweck sie dienen sollte.
Eine andere Art, sich im Mittelalter ein „Bild" von der Welt zu machen, war das Reisen: Christen pilgerten z. B. nach Jerusalem, Muslime nach Mekka. Mobil waren Menschen aber auch aus wirtschaftlichen Gründen, etwa als Händler in Asien. Aus allen Formen des Unterwegsseins ergaben sich vielfältige Kontakte mit anderen Menschen und Völkern. Nicht immer verliefen sie friedlich, manche waren von vornherein auf Eroberung angelegt.

***Folgende Fragen leiten dich durch das Kapitel:***

- ***Wie sahen die Menschen im Mittelalter die Welt?***
- ***Welche geographischen Kenntnisse hatten sie?***
- ***Gab es in verschiedenen Regionen der Welt unterschiedliche „Weltbilder"?***
- ***Was passierte, wenn Menschen aus unterschiedlichen Kulturen zusammentrafen?***
- ***Welche Bilder entstanden über den jeweils anderen und auf welchen Voraussetzungen beruhten sie?***

**1** Beschreibt die Ebstorfer Weltkarte mithilfe der Umzeichnung und tragt zusammen, welche Vorstellungen von der Welt an der Karte deutlich werden. Vergleicht mit eurer Vorstellung von der Erde. Beachtet das Satellitenfoto.

**2** Formuliert eine mögliche Erklärung zu der Ebstorfer Weltkarte, die der Kaufmann aus der Abbildung rechts gegeben haben könnte.

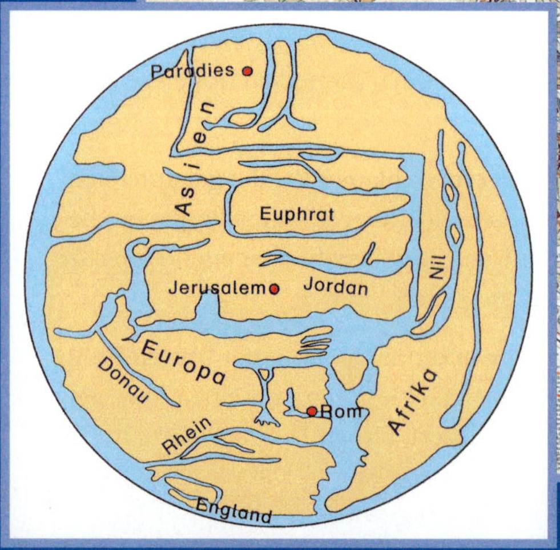


*Moderne Umzeichnung der Ebstorfer Weltkarte*

Satellitenaufnahme der Erde, Foto, 2004

Weltkarte aus dem Kloster Ebstorf, ca. 3,5 m Durchmesser, um 1250

Kaufmann auf einem mit Handelswaren beladenen Kamel, Terrakottafigur aus China (Tang-Zeit), 7.–10. Jahrhundert

# Weltvorstellungen und geographische Kenntnisse

**Wissen • Urteilen • Handeln • Methoden anwenden**

Am Ende dieses Unterkapitels kannst du

- die Weltbilder, die Menschen in der Zeit des europäischen Mittelalters in verschiedenen Kulturen hatten, beschreiben
- die Voraussetzungen, auf denen ihre Weltvorstellungen beruhten, darstellen
- die Erkenntnisse, die sich aus den mittelalterlichen Weltbildern ziehen lassen, erklären
- **Methode** Historische Karten lesen und vergleichen

## Weltreligionen im Mittelalter um 1500

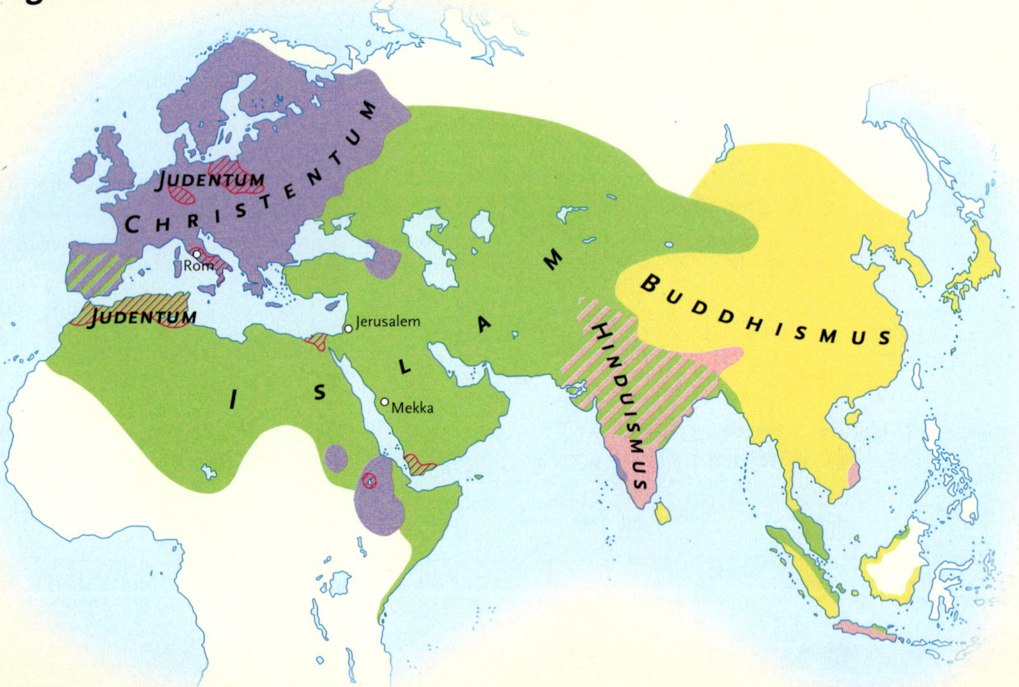


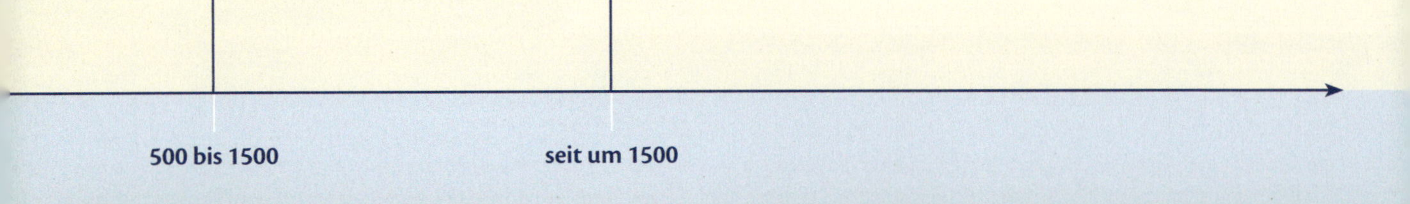

# Weltbilder in der Zeit des europäischen Mittelalters

### Glaube und Naturbeobachtung

Als „Weltbild“ wird in unserer Zeit das geographische Wissen über die Welt und das Weltall zusammen mit der damit verbundenen Lebenswirklichkeit verstanden. Daneben wird der Begriff bedeutungsgleich mit „Weltanschauung“ verwendet und enthält dann Wertungen und Urteile darüber, wie jemand die Welt sieht.

Im europäischen Mittelalter (etwa 500–1500 n. Chr.) gab es nicht nur ein Weltbild, sondern unterschiedliche „Bilder“ von der Welt. Sie wurzelten in der Überlieferung durch das Alte Testament und in Vorstellungen aus der griechischen Antike, die ihre Erkenntnisse aus der Naturbeobachtung gewonnen hatte. Ebenso sind aus anderen Regionen der Erde Weltbilder überliefert, z. B. dem arabisch-islamischen Raum und China.

### Weltbilder spiegeln sich in Weltkarten

Mittelalterliche Weltkarten zeigen, welche Vorstellungen die Kartenzeichner oder Auftraggeber von der Welt hatten. Sie können auf drei Verwendungsgebiete bezogen werden: zum religiösen oder wissenschaftlichen Gebrauch, zur Landvermessung und als Routenkarten für Seefahrer oder Pilger. Seekarten („Portolane“) stellen eine wichtige Sammlung der damaligen nautischen Kenntnisse* dar. In der neueren Forschung werden sie aber wegen ihrer ungenauen Angaben bei Größen und Distanzen als weniger bedeutend für die praktische Schifffahrt angesehen.

Die Weltkarten lassen sich in zwei Gruppen unterscheiden: in so genannte T-O-Karten und in Zonenkarten, die die Welt in kalte, gemäßigte und heiße bzw. bewohnbare und unbewohnbare Klimazonen einteilten.

**Begriffe und Daten**

### Mittelalterliche Weltbilder

Vereinfacht gesehen, lassen sich im Mittelalter religiöse und naturkundliche Weltbilder unterscheiden. Die religiösen Weltbilder sehen die göttliche Schöpfung als den Ursprung der Welt. Die Weltbilder, die sich an den überlieferten Naturbeobachtungen antiker Gelehrter orientierten, stellten die Erde als Kugel oder Scheibe dar, die vom Saum des Ozeans eingeschlossen war und im Zentrum des Weltalls stand.

M1

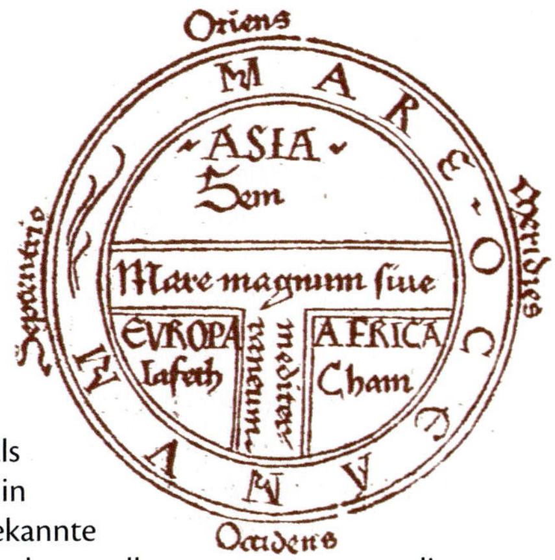


**T-O-Weltkarte des spanischen Bischofs Isidor von Sevilla** (ca. 560–636 n. Chr.). Die ca. 6,5 cm große Skizze erschien 1472 als erste gedruckte Karte in Europa. Die damals bekannte Welt ist O-förmig dargestellt, die Fläche des Festlandes ist durch das T-förmige Mittelmeer (die Flügel des T bilden die Flüsse Don und Nil) in die drei Kontinente Asien, Europa und Afrika unterteilt. Sem, Jafeth und Cham, drei Söhne Noahs, stehen nach biblischer Überlieferung als Urväter für die Besiedlung der Kontinente.

M2

**„Die Leiden der Erde“**

Der italienische Schriftsteller Giovanni Boccaccio (1313–1375) schrieb 1373:

Die Erde wird an ihrer Oberfläche von Hacken, Pflugscharen und Schaufeln umgegraben, ausgehoben und zerkleinert …; sie wird durch prächtige Tempel und üppige Bauwerke der großen Städte bedrückt, beladen und gepresst; sie wird von Tieren, Wagen und schwersten Lasten zerrieben und zerstampft; … sie wird durch Wälder und Gras und fortgesetzte Aussaaten ausgesaugt, ausgemergelt und ausgemolken … Wer könnte all die Belästigungen aufzählen, die sie unaufhörlich quälen und verletzen?

Zit. nach Hagen Schulze / Ina Ulrike Paul (Hg.), Europäische Geschichte, München (bsv) 1994, S. 657.

**1** Erarbeite anhand des Darstellungstextes und des Kastens, wie sich Menschen im europäischen Mittelalter die Welt vorgestellt haben.

**2** a) Beschreibe die Karte M1.
b) Handelt es sich eher um ein religiöses oder ein naturkundliches Weltbild? Begründe deine Antwort.

**3** Äußere dich aus heutiger Sicht zu Boccaccios Weltbild (M2).

# Historische Karten lesen und vergleichen

**Das geographische Wissen vergangener Zeiten**

In der Geschichtswissenschaft wird zwischen Geschichtskarten und historischen Karten unterschieden. Geschichtskarten zeigen heutige Ergebnisse der Geschichtswissenschaft. Historische Karten dagegen sind in der Vergangenheit entstanden. Sie geben uns als Quellen Aufschluss über das geographische Wissen vergangener Zeiten, über die technischen Möglichkeiten der Vermessung und über die Absichten der Auftraggeber und Kartenzeichner („Kartographen"). Dazu können historische Karten auch einen Einblick in das Weltbild vergangener Epochen geben, z. B. über das christliche Mittelalter in Europa. Beim Vergleich von historischen Karten können Veränderungen festgestellt und vielleicht auch neue Erkenntnisse gewonnen werden.

M1

**Weltkarte aus einem englischen Gebetsbuch**
(„Londoner Psalterkarte"), um 1260

**Arbeitsschritte**

### 1. Schritt: Jede Karte einzeln erschließen

- Was ist Thema der Karte (Inhalt, Raum, Zeit, Mittelpunkt)?
- Welche Informationen gibt die Bildunterschrift?
- Ist die Karte „genordet"?
- Welcher Raum ist dargestellt?
- Welche Zeichen, Symbole, Farben werden verwendet? Was könnten sie bedeuten?
- Zu welchem Zweck könnte die Karte angefertigt sein?
- Welche Aussage hat die Karte?
- Welche Rückschlüsse über Begegnungen zwischen verschiedenen Völkern und Kulturen kann man ziehen?
- Welche Fragen sind nur mithilfe weiterer Informationen zu beantworten?

### 2. Schritt: Gemeinsamkeiten und Unterschiede feststellen

- Welche Übereinstimmungen und Unterschiede gibt es, z. B. bei den Themen der Karten, bei der Genauigkeit geographischer Darstellung?
- Was ergibt der Vergleich der Zwecke, zu denen die Karten angefertigt wurden?
- Welche Erkenntnisse bringt ein erster Vergleich der jeweiligen Gesamtaussage der Karten?

### 3. Schritt: Ergebnisse auswerten

- Lässt der Vergleich zweier Karten Aussagen darüber zu, wie sich die Kenntnisse über die Welt verändert haben?
- Was bedeuten die Veränderungen für das Weltbild der damaligen Zeit?
- Welche Folgen hatte der veränderte Kenntnisstand, z. B. für die Politik, die Religion, die Wissenschaft, die Wirtschaft?
- Welche weiteren Informationen über die Karten hinaus sind noch vorhanden, z. B. in Begleittexten zu den Karten und in Sachbüchern?

M2

**Katalanische Weltkarte („Mappa mundi“),** um 1450.
Das Mittelmeerbecken und das Schwarze Meer sind genau wiedergegeben, doch Einzelheiten, die über diese bekannten Regionen hinausgehen, entspringen der Phantasie.

1 Bearbeite die Karten M1 und M2 mithilfe der Arbeitsschritte.
2 Sieh dir noch einmal die Karte M1 auf S. 9 an. Prüfe, welche der beiden Karten auf dieser Doppelseite dem Kartentyp von ihr entsprechen könnte. Begründe deine Entscheidung.
3 In der heutigen Kartographie werden Karten wie M1 als „Geschichtsgemälde“ bezeichnet. Nimm dazu Stellung.
4 Übe die Arbeit mit historischen Karten an der Abbildung der Kapitelauftaktseite (S. 6/7).

# Weltbilder im christlichen Europa

## Die Welt als Schöpfung Gottes

Das Alte Testament in der Bibel sieht die Welt als Schöpfung Gottes und teilt sie in drei Teile: das Himmelsgewölbe (Firmament), in dem Gott und die Engel wohnen, die Erdscheibe und die unterirdische Welt, in der Ungeheuer hausen und sich die verlassenen Menschenseelen befinden. An der antiken Vorstellung, dass sich die Erde als Kugel im Zentrum des Kosmos befände, wurde im Mittelalter nicht gezweifelt. Beispielhaft dafür, wie mittelalterliche Forscher christlichen Glauben und Naturbetrachtung miteinander verbanden, steht Hildegard von Bingen (ca. 1098–1179). Sie sah die Welt als Kunstwerk Gottes, in dem alles aufeinander bezogen war. Die Welt glich nach ihrer Vorstellung einem Ei mit Schale (= Himmel), Luftkammer (= Äther / Atmosphäre), Eiklar (= wirbelnde Luft / Wasser) und Dotter / Keim (= Erde).

M1 **Erdkugel,** nach dem „Liber divinorum operum" von Hildegard von Bingen, 1163–1174

M2 **Begrenzte Horizonte**

**Der Historiker Arnold Bühler schrieb 2004:**

Der Lebensraum der allermeisten Menschen bleibt zeitlebens das Dorf, der Weiler, das Gehöft, wo sie geboren wurden. Jenseits des Waldes liegt die unbekannte Ferne. Von dort haben die meisten nur ungewisse Kunde vom Hörensagen, und was man erzählen hört, von Dämonen, bösen Geistern, Zauberei, macht Angst …

Eng wie der Lebensraum ist auch der soziale Horizont. Wo Erfahrungen auf kleine Räume beschränkt sind, bieten überregionale, ethnische oder nationale Kategorien keine identitätsstiftenden [die Zusammengehörigkeit betreffenden] Merkmale.

Arnold Bühler, Von Dorf und Stamm zu Stadt und Staat. In: Ders. u. a., Das Mittelalter, Stuttgart (Theiss) 2004, S. 11.

M3 **Gott als Baumeister**

**Die benediktinische Äbtissin Hildegard von Bingen schrieb im Jahre 1155:**

Gott schuf auch die Elemente der Welt … Sie heißen aber: Feuer, Luft, Wasser, Erde. Diese vier Grundstoffe sind in sich selber dermaßen durchflochten und verbunden, dass keines vom anderen geschieden werden kann; und sie halten sich so im Gesamtverband zusammen, dass man sie das Firmament – das feste Gefüge des Weltalls – nennt. In diesem Weltgefüge ist die Sonne nahezu das Mächtigste: sie sendet über all dies ihren Glanz und ihre Glut … Die vier Hauptwinde [Ost, West, Süd, Nord] … sind die Flügel der Allmacht Gottes … Diese Winde sind unsichtbar, wie auch die Seele, die Gottes Geheimnis entstammt, nicht zu sehen ist … Das Firmament wird zusammengehalten durch die Sterne, damit es nicht auseinanderfallen kann.

Zit. nach Hagen Schulze / Ina Ulrike Paul (Hg.), Europäische Geschichte, München (bsv) 1994, S. 648 f.

**1** Beschreibe M1. Ziehe M3 mit heran.

**2** Erarbeite, wie bei Hildegard von Bingen christliche Glaubenslehre und Naturbeobachtung zusammenfließen (M1, M3).

**3** Erkläre anhand von M2, inwieweit die mittelalterlichen Weltbilder durch das Leben der Menschen damals beeinflusst wurden.

# Weltbilder im islamischen Orient

### Die Welt als Schöpfung Allahs

Das Ziel religiöser Weltdarstellungen im Islam war nicht in erster Linie die genaue Kenntnis der Welt, vielmehr sollte die Allmacht Allahs, die sich in der Schöpfung zeigte, erfahrbar gemacht werden. Im Koran, dem heiligen Buch des Islams, finden sich nur wenige Angaben über die Erschaffung der Welt. Es ist von sieben Himmeln und einmal von sieben Erden die Rede, an anderer Stelle davon, dass der Himmel die Erde überwölbt und die Erde wie ein Teppich ausgebreitet und mit Bergen besetzt ist. Die Sterne dienen den Menschen als Wegweiser. Allahs Thron überspannt Himmel und Erde.

In der Tradition des Griechen Ptolemäus stellte man sich eine kugelförmige Erde in der Mitte des Weltalls vor, die von Himmelskörpern umgeben war. Die Erde sollte demnach zu drei Vierteln von einem Ozean bedeckt und die Nordhälfte der Erde festes Land sein.

Wie das Christentum nimmt auch der Islam ein Ende der Weltgeschichte an mit einem Gericht und der Unterscheidung von Guten und Bösen, von Paradies und Hölle.

Geographische Weltkarten aus dem islamischen Orient zeigen dagegen detaillierte Kenntnisse. Dies veranschaulicht die Weltkarte des Idrisi, die er auf der Basis eigener Reiseerfahrungen und der anderer Personen und Kaufleute zeichnete. In anderen orientalischen Karten wird Europa als der „Kleine Kontinent", die Landmasse von Asien und Afrika als „Großer Kontinent" bezeichnet und damit die europäische Dreiteilung in Europa, Asien und Afrika überwunden.

1 Beschreibe M1 mithilfe der Umzeichnung M2. Achte besonders auf die Art der Darstellung, die Form und den Rand der Erddarstellung.
2 Fasse die Informationen über das islamische Weltbild im Mittelalter zusammen (Darstellungstext und M1).
3 Ziehe aus der Karte M1 Rückschlüsse auf die Kenntnisse über andere Kulturen und die Begegnungen mit ihnen.
4 Vergleiche M1 mit der Erdkugel Hildegard von Bingens (S. 12) und der Ebstorfer Karte (S. 6/7). Nimm die Methode „Historische Karten lesen" (siehe S. 10 f.) zu Hilfe.

M1 **Weltkarte des arabischen Kartographen Idrisi, 12. Jh.**
Ursprünglich war die Karte nach Süden ausgerichtet.

M2 **Weltkarte des Idrisi, 12. Jh.,**
Umzeichnung

# Weltbilder in China

### Die Erde als Quadrat

In der alten chinesischen Auffassung von der Welt wird der Himmel als rund, die Erde jedoch als quadratisch angenommen. Zusammengesetzte und ummauerte Quadrate stehen um einen Kern herum. Diese Sichtweise der Welt wurde auf die Städteplanung und den Städtebau übertragen. Der Plan einer Stadt sollte demnach das Abbild des Universums darstellen. Die ideale Stadt stellte ein Quadrat dar, von Mauern umgeben und mit zwölf Toren versehen, die der Zahl der Monate eines Jahres entsprachen. Ein solcher Grundriss findet sich bis heute in der Anlage chinesischer Städte und auch der Verbotenen Stadt in Peking wieder. Mauern gelten als Schutz und Kontrolle in der hierarchischen Rangabstufung der Gesellschaft und werden so zur Grenze zwischen Harmonie und Chaos, die Zivilisation von Barbarei scheiden sollte.

M2

### Fremdbilder in China

Die Sinologin Ursula Ballin schrieb 1998:

Auch in China gibt es seit dem Altertum Fremdbilder von den … Randvölkern als Barbaren, die albern sprechen, sich grotesk kleiden und weder Sitte noch politische Ordnung (nämlich die chinesische) kennen. Wie im Westen sind solche Bilder durch politische Interessen gelenkt. Zwar schützt sich China gegen Invasionen im Norden durch die Große Mauer, doch ist es lange in den Grenzen seines … Selbstverständnisses weltoffen, treibt Überseehandel und nimmt kulturelle Fremdeinflüsse auf. Auch fremde Religionen (Judentum, … Christentum, Islam) werden toleriert. Erst seit der Ming-Zeit (1366 – 1644) verschließt sich das Reich der Mitte.

Ursula Ballin, Vorurteile und Illusionen: Europäische Chinabilder und Fremdbilder in China (1998), zit. nach http://www.dhm.de/ausstellungen/tsingtau/katalog/auf1_18.htm

1 Untersuche M1 mithilfe der Methode „Historische Karten vergleichen" (siehe S. 10 f.) und des Darstellungstextes.

2 Fasse mithilfe des Darstellungstextes, M1 und M2 zusammen, wie sich Menschen in China, die in der Zeit des europäischen Mittelalters lebten, die Welt und fremde Menschen vorstellten.

M1

**Weltkarte aus dem alten China.** Übernahme aus einem koreanischen Atlas von ca. 1700. Im Zentrum: China; Nachbarländer: Korea, Japan, Annam. Inseln und ein ringförmiger Kontinent im umgebenden unendlichen Ozean stellen mythische Reiche dar. Im Osten und Westen: Inseln mit den Namen von Bergen.

# Weltvorstellungen und geographische Kenntnisse

## Überprüfe, was du kannst

### Sachkompetenz

1 Übertrage die Tabelle (M2) in dein Geschichtsheft und fülle sie aus. Vergleicht eure Ergebnisse in der Klasse und formuliert zusammenfassend, was sich daraus über das Weltbild der mittelalterlichen Menschen ableiten lässt.

2 Nenne Merkmale und Voraussetzungen a) religiöser und b) naturkundlicher (= naturwissenschaftlicher) Weltbilder im Mittelalter.

### Methodenkompetenz

3 Untersuche M1 nach der Methode „Historische Karten lesen“ (siehe S. 10 f.).

### Urteilskompetenz

4 Diskutiert die folgende Behauptung: Die mittelalterlichen Weltbilder zeigen die Rückständigkeit der Menschen in der damaligen Zeit.

M1 „Weltkarte“ aus dem 13. Jahrhundert

## M2 Weltbilder in der Zeit des europäischen Mittelalters

| | Europa | Arabien / islamische Welt | Asien / China |
|---|---|---|---|
| Übereinstimmungen | | | |
| Unterschiede | | | |

# Kulturelle Begegnungen und Konflikte

**Wissen • Urteilen • Handeln • Methoden anwenden**

Am Ende dieses Unterkapitels kannst du

- das Aufeinandertreffen der arabisch-islamischen Eroberer und der Einheimischen der Iberischen Halbinsel, des heutigen Spanien und Portugal, beschreiben
- das Zusammenleben zwischen Christen, Juden und Muslimen darstellen
- die Motive, die den Kreuzzügen zugrunde lagen, erklären
- die Gründe, die zur deutschen Ostsiedlung im Mittelalter führten, darstellen
- den Einfluss der Pilger- und Handelsreisen auf kulturelle Begegnungen erläutern
- die Entstehung und Bedeutung von Feind- bzw. Fremdbildern erörtern

## Begegnungen und Konflikte im Mittelalter

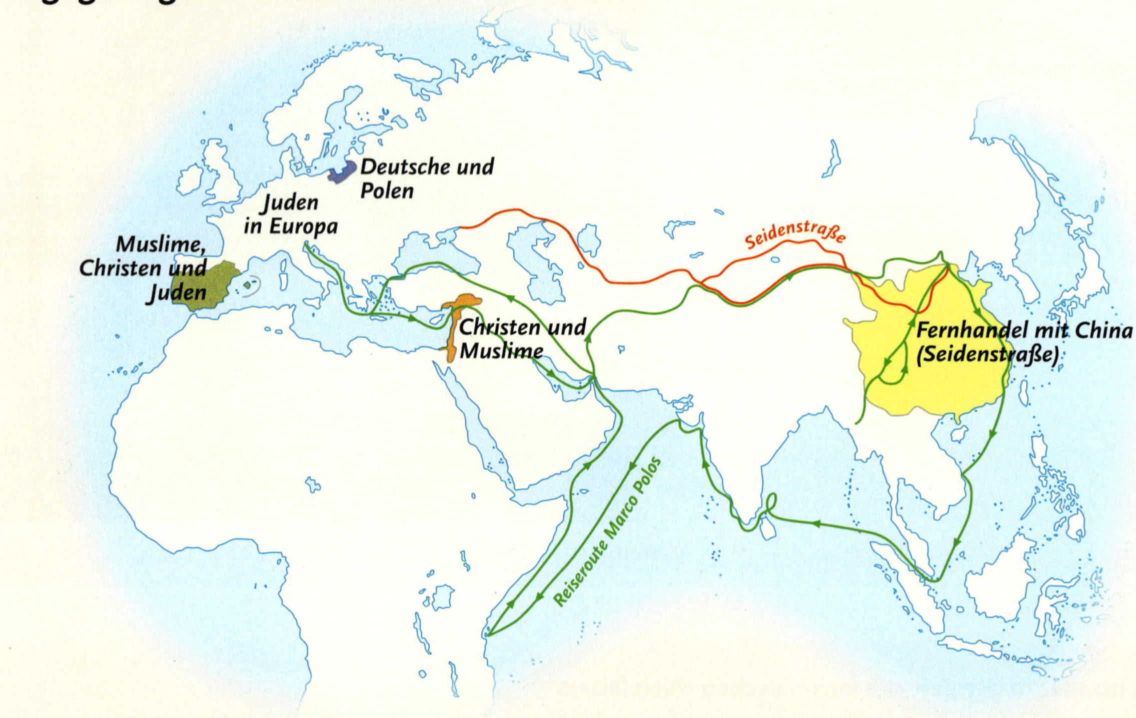


- Muslime erobern die Iberische Halbinsel — 8. Jahrhundert
- Juden siedeln in Europa — 9./10. Jahrhundert
- Deutsche Ostsiedlung — seit dem 11. Jahrhundert
- Kreuzzüge — seit dem 11. bis zum ausgehenden 13. Jahrhundert

# Die islamische Welt und das mittelalterliche Europa

## Der Aufstieg des Islams zur politischen Macht

Die Ausbreitung des Islams hatte nach 630 n. Chr. ihren Anfang in Mekka genommen. Den Nachfolgern Mohammeds (570–632) gelang es, in mehreren Eroberungswellen ihr Herrschaftsgebiet nach Osten und Westen zu erweitern. Zu Beginn des 8. Jahrhunderts hatten sie die Iberische Halbinsel weitgehend erobert. Mit der muslimischen und der christlichen Bevölkerung trafen zwei Religionen aufeinander, die beide Anspruch auf Absolutheit ihrer jeweiligen Glaubenslehre erhoben.

In der Zeit, als der fränkische König Karl der Große 800 n. Chr. in Rom zum Kaiser gekrönt wurde, teilte sich die Mittelmeerwelt in drei Machtbereiche: den griechisch-orthodoxen Osten mit dem byzantinischen Staat (324–1453), den lateinisch-römischen Westen mit dem fränkischen Reich (498–843) und die islamische Kalifendynastie der Abbasiden (750–1258). Doch trotz konfliktreicher und kriegerischer Phasen profitierte der Okzident vom Kulturaustausch mit dem Orient.

M2

### Europa und die Welt des Islams

**Der Historiker Paul Kennedy schrieb 1989:**

Vor 1500 war die Welt des Islams Europa jahrhundertelang kulturell und technologisch überlegen gewesen. Die islamischen Städte waren groß, wohl beleuchtet und mit Abflusskanälen versehen, und einige von ihnen besaßen Universitäten, Büchereien und überwältigend schöne Moscheen. In der Mathematik, der Kartographie, der Medizin und vielen anderen Bereichen der Wissenschaft und Industrie – Spinnereien, Waffengießereien, Leuchttürme, Pferdezucht – waren die Moslems führend ... Die Toleranz gegenüber anderen ... hatte manchen talentierten Griechen, Juden und Heiden in den Dienst des Sultans gezogen.

Paul Kennedy, Aufstieg und Fall der großen Mächte, Frankfurt a. M. (Fischer) 1989, S. 39 f.

M1

**Christlicher und muslimischer Ritter im Zweikampf,** Buchmalerei, um 1340

1 Beschreibe deine Eindrücke von dem Zweikampf in M1.

2 Fasse mithilfe von M2 den kulturellen und technischen Stand des Islams im Mittelalter zusammen.

3 Vergleiche die Aussagen in M2 mit dem Darstellungstext. Achte auf die Rolle des Islams als politische Macht und die Wertung am Schluss des Darstellungstextes.

# Muslime, Juden und Christen – das Beispiel Spanien

## Arabische Herrschaft in Spanien

Im Jahre 711 setzte ein arabisches Kommando von Afrika auf die Iberische Halbinsel über und schlug die Truppen des Westgotenkönigs Roderich. In den folgenden Jahren eroberte eine arabische Armee fast die gesamte Halbinsel und den Südwesten Frankreichs. Die Ausdehnung der arabischen Herrschaft kam 732 zum Stillstand, als fränkische Heere unter Karl Martell die Sarazenen – so wurden die Araber von christlichen Europäern genannt – bei Poitiers schlugen.

Stammesrivalitäten und Sippenfehden bestimmten die ersten Jahrzehnte der arabischen Herrschaft in al-Andalus, dem islamischen Süden der Iberischen Halbinsel. Unter dem Kalifen Abd ar-Rahman III. (912–961) erlebte al-Andalus eine Blütezeit. Davon zeugt die Residenzstadt Córdoba mit der Mezquita-Catedral noch heute. Die politische und militärische Schwäche der christlichen nordspanischen Fürstentümer verhinderte zunächst eine Rückeroberung (span. Reconquista) muslimischer Gebiete. Erst 1212 wurden die arabischen Heere bei Las Navas de Tolosa von den Fürstentümern Léon, Kastilien, Navarra und Aragón besiegt, 1236 folgte die Eroberung von Córdoba und 1248 von Sevilla. Nur das Nasridenreich von Granada konnte sich bis 1491 halten.

## Kampf der Kulturen?

In al-Andalus lebten unter arabischer Herrschaft Muslime, Juden und Christen zusammen. Ihre kulturellen Traditionen, wissenschaftlichen Kenntnisse und die am Glauben orientierten Wertvorstellungen verschmolzen im Laufe der Zeit. Das führte dazu, dass Kultur und Wissenschaften in al-Andalus viel weiter entwickelt waren als im übrigen Europa. Den größten Anteil daran hatte die islamische Kultur, die der abendländischen in vielen Bereichen der Philosophie, Medizin, Astronomie und Mathematik voraus war. Sie führten ein ausgeklügeltes Bewässerungssystem ein, machten Bodenprodukte wie Zuckerrohr, Baumwolle, Pfirsichbaum und Dattelpalme in Andalusien heimisch und trieben intensiven Handel mit dem afrikanischen Kontinent.

Bereits unter der arabischen Herrschaft traten Teile der christlichen Bevölkerung zum Islam über. Wer Christ blieb musste in eigens für Christen vorgesehenen Stadtvierteln leben. Als „Nichtgläubige“ mussten sie – wie auch die Juden – eine Kopfsteuer zahlen. Unter dem Eindruck der Kreuzzüge verschärften sich die Gegensätze. Verfolgung und Vertreibung prägten zunehmend das Zusammenleben. Nach der Rückeroberung durch christliche Herrscher wurden Juden und Muslime zur Taufe oder zur Emigration gezwungen.

**Lesetipp**

**Nabil Osman, Kleines Lexikon deutscher Wörter arabischer Herkunft,** München (C. H. Beck) 2010.

M1

**Blick in das Innere der Mezquita-Catedral in Córdoba,** Foto, 1986. Córdoba war die Residenz der islamischen Machthaber von al-Andalus. Im hohen Mittelalter hatte die Stadt zeitweise 100 000 Einwohner. Die Mezquita (span. Moschee) wurde 786/87 erbaut und bis zum Ende des 10. Jh. erweitert. In der Mitte des Betsaals wurden nach der christlichen Rückeroberung 63 Säulen herausgebrochen, um darin die Kathedrale zu errichten.

## M2 Arabisch-islamische Wissenschaften

Der Journalist Arnold Hottinger zum Ursprung des x-Symbols in der Mathematik (1995):

Die Araber haben Gleichungen ersten und zweiten Grades eifrig studiert und die Formeln, die sie aus der griechischen Mathematik hatten, ausgebaut und verfeinert. Sie benötigten solche Gleichungen für das persönliche, alltägliche Leben: für die komplexen [komplizierten] Erbteilungen, die in den arabischen Großfamilien mit mehreren Frauen und Kindern stets nach dem im Koran festgelegten Prinzip durchgeführt werden mussten ... Bei den Formeln ... verwendeten die Araber einen Buchstaben (= sch) für „Schay“ (= Sache) in der Funktion unseres heutigen x. Das Altspanische und das Lateinische der Epoche pflegten ihrerseits den Buchstaben „x“ für die Wiedergabe des arabischen „sch“-Lautes zu verwenden ... So kam es zu altspanischen Schreibungen wie ... Don Quixote ... für den heutigen Quijote ... Aus diesem Grunde war es auch logisch, dass die alten Spanier x für die arabische Abkürzung „Sch“ in mathematischen Formeln setzten, und dieses Symbol ist dann weltweit gültig geworden.

Arnold Hottinger, Die Mauren, München (Wilhelm Fink) 1995, S. 419.

## M4 Geschichtsschreibung über al-Andalus

Der Historiker Gottfried Liedl schrieb 1993:

Auf ihrem Epitaph[1] aus dem 16. Jahrhundert werden die katholischen Könige als „prostratores“[2] und „extinctores“[3] der Mauren und Juden gerühmt. Eine ganze Chronistenzunft beteiligte sich am Geschäft dieses „Niederwerfens“ und „Ausrottens“ und produzierte eine Geschichte Spaniens, worin 800 Jahre Zugehörigkeit zum islamischen Kulturkreis einfach nicht stattgefunden haben sollten. So hatte schon im 15. Jahrhundert der Historiograph[4] Fernán Pérez de Guzmán – wenn man der Überlieferung Glauben schenken darf – die Geschichte der Araber Spaniens für ... nicht wert [gehalten], schriftlich bezeugt zu werden ... Dieser Wille zur Lücke ist bemerkenswert und findet sich nicht nur in der spanischen Geschichtsschreibung, sondern durchzieht die gesamte Historiographie des Abendlandes, wo die Jahrhunderte des Islams, wenn überhaupt, dann nur in seltsamen Verkleidungen Eingang in die Archive fanden.

Gottfried Liedl, Dokumente der Araber in Spanien, Bd. 2, Wien (Turia & Kant) 1993, S. 9 f.

[1] Grabinschrift [2] Vernichter [3] Auslöscher
[4] Geschichtsschreiber

M3 **Arabische Wissenschaftler,** türkische Buchmalerei, 16. Jh. Die Wissenschaftler benutzen verschiedene Messgeräte: beispielsweise Zirkel, Lineal, Globus, Sanduhr und diverse Winkelmesser. Die Astronomen rechts oben beschäftigen sich mit dem Astrolabium, einem scheibenförmigen Messgerät zur Bestimmung der geographischen Breite, das von den Arabern im 11. Jahrhundert in Europa eingeführt wurde und bis zur Erfindung des Fernrohrs in Gebrauch blieb.

**1** Erstelle anhand des Darstellungstextes eine Zeittafel zu der Frage, wann und wie die Muslime die Iberische Halbinsel eroberten und wieder verloren.

**2** Beschreibe mithilfe des Darstellungstextes (rechte Spalte) das Zusammenleben in al-Andalus.

**3** Erstelle anhand von M1 bis M3 eine zweispaltige Tabelle: Kulturelle Leistungen der Araber / Nutzen.

**4** a) Gib die Aussagen des Autors von M4 zur spanischen Geschichtsschreibung über al-Andalus mit eigenen Worten wieder.
b) Nimm Stellung zu dieser Art von Erinnerung.

# Die Kreuzzüge

## Krieg mit christlichen Motiven?

Im Herbst 1095 rief Papst Urban II. die „christliche Ritterschaft" zu einem Befreiungskrieg – einem Kreuzzug – gegen die muslimische Herrschaft über die Heiligen Stätten in Jerusalem auf. Aus mittelalterlicher christlicher Sicht waren Kriege dann gerechtfertigt, wenn ihnen als Motiv Liebe und Barmherzigkeit zugrunde lagen und die Angegriffenen damit zur „rechten Lehre" zurückgeführt wurden. Tatsächlich wurden viele von religiösen Sehnsüchten und Hoffnungen, darunter die Aussicht auf den Erlass aller Sünden, sowie sozialen und wirtschaftlichen Problemen in ihrer Heimat zum Zug nach Jerusalem motiviert. Die Menschen, die im Einsatz für den Glauben starben, bezeichnete die Kirche seit dem 9. Jahrhundert als „Märtyrer".

Vier Jahre nach dem Aufruf Urbans eroberten Kreuzritter Jerusalem und richteten ein Blutbad unter Muslimen an. Auch die anschließende Gründung von Kreuzfahrerstaaten im Nahen Osten forderte einen hohen Blutzoll unter der muslimischen Bevölkerung. Die Zeit der Kreuzritter währte allerdings nicht lange: Zwischen 1265 und 1291 wurden sie aus den Gebieten vertrieben.

## Feindbilder und Erfahrungen

Während der Kreuzzüge dienten Feindbilder, sowohl auf christlicher als auch auf muslimischer Seite, dazu, Hass und Kampfbereitschaft zu schüren. So ist in zeitgenössischen muslimischen Quellen von „ungläubigen Franken" die Rede, denen man keine Achtung entgegenbrachte. Auf der anderen Seite sollen Christen für die Kreuzzugswerbung ein Bild des Messias (Jesus), der gerade von einem Araber erschlagen wurde, verwendet haben.

In den Kreuzfahrerstaaten kam es dennoch häufig zu Verträgen und friedlichen Kontakten, sogar engen Freundschaften zwischen Christen und Muslimen. Aber in den Quellen ist auch von unüberbrückbaren religiösen und kulturellen Gegensätzen die Rede.

Im Laufe der Kreuzzugsbewegung setzte sich in der Kirchenlehre die Auffassung durch, dass Muslime nicht allein wegen ihres Glaubens angegriffen werden dürften. Vielmehr ginge es um den Schutz der heiligen Stätten und den Einsatz für die Kirche.

M1

### Der Aufruf zum Kreuzzug

**Papst Urban II. (1088–1099) hielt 1095 in der französischen Stadt Clermont-Ferrand eine Rede. Ihr Inhalt wurde von dem Mönch Robert von Reims zwölf Jahre später aufgeschrieben:**

Ihr Volk der Franken, ihr Volk nördlich der Alpen, ihr seid … Gottes geliebtes und auserwähltes Volk … Aus dem Land Jerusalem und der Stadt Konstantinopel kam schlimme Nachricht und drang schon oft an unser Ohr: Das Volk im Perserreich, ein fremdes Volk, ein ganz gottfernes Volk, eine Brut von ziellosem Gemüt und ohne Vertrauen auf Gott … hat die Länder der dortigen Christen besetzt, durch Mord, Raub und Brand entvölkert und die Gefangenen teils in sein Land abgeführt, teils elend umgebracht … Wem anders obliegt nun die Aufgabe, diese Schmach zu rächen, dieses Land zu befreien, als euch? Euch verlieh Gott mehr als den übrigen Völkern ausgezeichneten Waffenruhm, hohen Mut … Bewegen und zu mannhaftem Entschluss aufstacheln mögen euch die Taten eurer Vorgänger, die Heldengröße Karls des Großen, seines Sohnes Ludwig und eurer anderen Könige … Wenn euch zärtliche Liebe zu Kindern, Verwandten und Gattinnen festhält, dann bedenkt, was der Herr im Evangelium sagt: … Jeder, der sein Haus, Vater, Mutter, Gemahlin, Kinder und Äcker um meines Namens willen verlässt, wird Hundertfältiges erhalten und ewiges Leben haben … Kein Besitz, keine Haussorge soll euch fesseln. Denn dieses Land, in dem ihr wohnt, ist … von Meeren und Gebirgszügen umschlossen und von euch beängstigend dicht bevölkert. Es … liefert seinen Bauern kaum die bloße Nahrung. Daher kommt es, dass ihr euch gegenseitig beißt und bekämpft … Aufhören soll unter euch der Hass …! Tretet den Weg zum Heiligen Grab an, nehmt das Land dort dem gottlosen Volk, macht es euch untertan! … Jerusalem ist der Mittelpunkt der Erde, das fruchtbarste aller Länder … Der Erlöser der Menschheit hat es durch seine Ankunft verherrlicht, … durch sein Grab ausgezeichnet. Diese Königsstadt … erbittet und ersehnt Befreiung.

Zit. nach Arno Borst, Lebensformen im Mittelalter, Frankfurt a. M. / Berlin (Ullstein) 1979, S. 318 ff.

M2

## Die Erwartungen der Kreuzfahrer

**Für die Jahrbücher von Würzburg wurde 1146 von einem unbekannten Verfasser folgender Eintrag notiert:**

Es erhoben sich nämlich einige falsche Propheten, die mit nichtigen Worten die Christen verführten und mit hohlen Predigten das ganze Menschengeschlecht antrieben, wegen der Befreiung Jerusalems gegen die Sarazenen zu ziehen. Ihre Predigt hatte so große Wirkung, dass sich Bewohner aller Regionen ... freiwillig zum gemeinsamen Opfergang anboten ... Aber ihre Absichten waren verschieden. Einige Neugierige zogen los, weil sie neue Gegenden besuchen wollten. Andere zwang die Armut; weil es bei ihnen zu Hause knapp zuging, kämpften sie, um der Armut abzuhelfen ... Andere wurden von Schulden bedrückt oder wollten die ihren Herren geschuldeten Dienste verlassen oder hatten wegen Verfehlungen Strafen zu erwarten.

Würzburger Annalen zum Jahr 1147, MGH SS 16, S. 3, Übers. d. Verf.

M3

**Papst Urban II. predigt den Kreuzzug,** kolorierter Holzschnitt, 1482. Auf dem lateinischen Spruchband steht: „Gott will es."

M1

## Das Leben in den Kreuzfahrerstaaten

**Der französische Geistliche Fulcher von Chartres schrieb 1110:**

Wir, die wir Abendländer waren, sind Orientalen geworden. Wir haben schon unsere Geburtsorte vergessen ... Manche von uns besitzen in diesem Land Häuser und Diener, die ihnen gehören wie nach Erbrecht. Ein anderer hat eine Frau geheiratet, die durchaus nicht seine Landsmännin ist, eine Syrerin ..., die die Gnade der Taufe empfangen hat ... Sie sprechen verschiedene Sprachen und haben es doch alle schon fertiggebracht, sich zu verstehen.

Zit. nach Reinhard Barth, Taschenlexikon Kreuzzüge, München (Piper) 1999, S. 169.

**Begriffe und Daten**

### Kreuzzug

Im weiteren Sinne ist unter einem Kreuzzug ein von der Kirche im Mittelalter geförderter Kriegszug gegen „Heiden" (Ungläubige) und Ketzer (vom rechten Glauben Abgewichene) zu verstehen. Ziel war die Ausbreitung oder Wiederherstellung des katholischen Glaubens. Vom Ende des 11. bis zum Ende des 13. Jahrhunderts waren die Kreuzzüge kriegerische Unternehmungen, um das Heilige Land zu erobern. In der Kreuzzugsidee verband sich der Gedanke der Pilgerfahrt und des Kampfes gegen die „Heiden" mit dem Ziel, das Heilige Grab in Jerusalem zu befreien. Militärische Gewalt und der „Opfertod" wurden dabei als Akt der Buße gerechtfertigt.

**1** a) Untersuche M1. Stelle die Argumente Urbans zusammen.
b) Um seine Zuhörer zu überzeugen, verwendet Urban bestimmte sprachliche Mittel. Nenne Beispiele und erkläre, welchen Zweck Urban damit verfolgte.

**2** Vergleiche die Aussagen in M1 mit M2.

**3** Beschreibe M3. Welchen Eindruck vermittelt die Abbildung über den Aufruf und den Aufbruch? Achte auf die Datierung des Bildes.

**4** a) Erarbeite aus dem linken Darstellungstext, wie Kreuzzüge gerechtfertigt worden sind.
b) Erläutere anhand des rechten Darstellungstextes und M4, ob die Feindbilder aus alltäglichen Erfahrungen herrührten.

# Juden in Europa

### Zusammenleben im frühmittelalterlichen Europa

Die ältesten Quellen jüdischer Ansiedlungen im Westen des mittelalterlichen Reiches, z. B. am Rhein, reichten in die Zeit der Römer zurück. Für eine Anwesenheit von Juden nach dem 5. Jahrhundert n. Chr. gibt es keine eindeutigen Quellen. Erst im 9. und 10. Jahrhundert ist bezeugt, dass sich im rheinischen Raum wieder Juden niederließen, wahrscheinlich Kaufleute und Fernhändler aus Spanien, Frankreich und Italien. Mainz war im 10. Jahrhundert mit der Gründung einer Hochschule zum Zentrum jüdischer Gelehrsamkeit geworden, dem später weitere in Speyer und Worms folgten. Am Anfang des 11. Jahrhunderts lebten etwa 5000 Juden im Deutschen Reich, 100 Jahre später waren es etwa 20 000. Die meisten von ihnen wohnten an den für Kaufleute wichtigen Wasserstraßen Rhein, Main, Donau, Elbe und Saale. Im Gegensatz zur Mehrheit der christlichen Bevölkerung konnten fast alle Juden, Männer wie Frauen, lesen und schreiben, einige beherrschten mehrere Sprachen. Im 11. Jahrhundert gab es noch keine Ghettos, die Juden von Christen trennten, keine Handelsbeschränkungen und keine gekennzeichnete Kleidung. Es bestanden viele private und berufliche Kontakte.

### Der Weg in die Außenseiterrolle

Die bäuerlich-adlige Gesellschaft des frühen Mittelalters mit ihren kleinen familiären und dörflichen Einheiten achtete auf ihre jeweiligen Rechte und die engen Beziehungen zu den Nachbarn. Die oft weitgereisten, welterfahrenen Juden bildeten Brücken zwischen den zerstreuten Ortschaften. Die Begegnungen zwischen Juden und Christen waren bis zum Beginn des 11. Jahrhunderts unbefangen: Doch schon vor dem ersten Kreuzzug gab es eine prinzipielle Ablehnung von Juden durch die Kirche. Worin werden nach Erkenntnissen der Geschichtsforschung die Ursachen dafür gesehen? Zum einen begriffen sich die Christen seit den Kirchenreformen des 11. Jahrhunderts als einheitliches „Gottesvolk" und grenzten sich damit von Juden und Muslimen ab. Zum anderen wurden wirtschaftliche und soziale Unterschiede deutlicher, als sich christliche Kaufleute und Handwerker in den neu entstehenden Städten im Wettbewerb mit jüdischen Unternehmungen sahen und diese als Konkurrenz betrachteten. Die Angehörigen der jüdischen Gesellschaft wurden mehr und mehr zu Außenseitern, die aus christlicher Sicht das Zusammenleben bedrohten. Einen Tiefpunkt bildeten die Zerstörungen jüdischer Gemeinden im Gefolge der Pest 1348/49. Den Juden wurde unterstellt, durch Brunnenvergiftung schuld daran zu sein. Mit der Vertreibung aus den Städten suchten sie sich Nischen in der ländlichen Wirtschaft. So breitete sich der Agrarhandel allmählich aus.

**M1 Wichtige jüdische Gemeinden und Siedlungsgebiete 100 bis nach 1400**

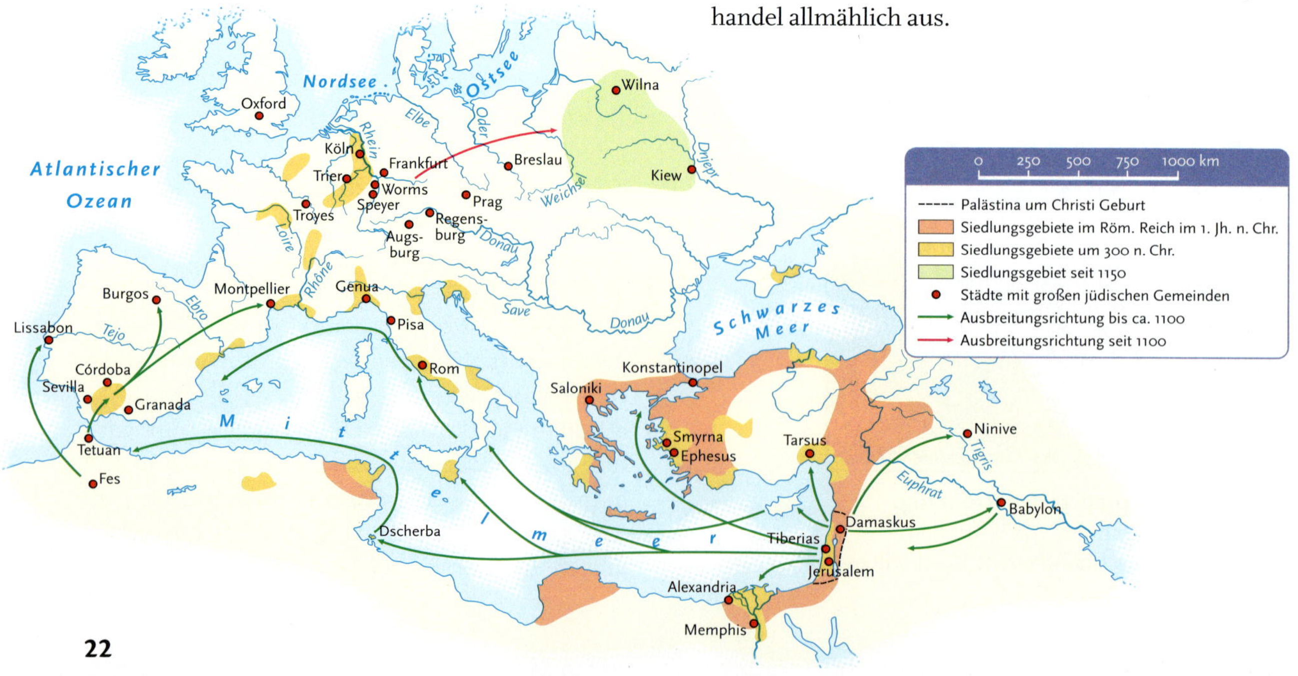

M2

## Über den Umgang mit den Juden

In einem Brief an den französischen König Ludwig VII. schrieb der Abt Peter von Cluny über das Verhältnis von Kirche und Judentum (1146):

**2 A** Was nützt es aber, die Feinde des christlichen Glaubens in fernen Ländern aufzusuchen und zu bekämpfen, wenn die liederlichen und lästernden Juden, die weitaus übler als die Sarazenen sind, nicht in fernen Ländern, sondern in unserer Mitte so ungehemmt und so verwegen Christum ... ungestraft schmähen, mit den Füßen treten, verächtlich machen? ... Ich sage dies nicht, um das Schwert des Königs oder der Christen zu ihrem Tode zu schärfen ... Gott will nämlich nicht, dass sie ganz getötet werden, ... sondern dass sie zur größeren Qual und zur größeren Schmach ... zu einem Leben schlimmer als der Tod bewahrt bleiben ... Das Leben mag ihnen bewahrt bleiben, aber ihr Geld soll ihnen weggenommen werden, damit durch die Arme der Christen, die durch das Geld der lästernden Juden unterstützt werden, die Verwegenheit der ungläubigen Sarazenen bekämpft [wird].

Der Abt und Kirchenlehrer Bernhard von Clairvaux äußerte sich im selben Jahr:

**2 B** Nicht die Juden soll man verfolgen, nicht sie totschlagen, nicht einmal sie verjagen. Befragt darum die göttliche Schrift. Ich weiß, was man im Psalm prophetisch von den Juden liest: „Gott hat mich – so spricht die Kirche – über meine Feinde unterwiesen: töte sie nicht, damit meine Völker niemals vergessen." – Lebendige Zeichen sind sie uns, die Passion [Leiden] des Herrn darstellend. Deswegen sind sie in alle Gegenden verstreut; denn während sie gerechte Strafe für ihre Missetat leiden, sollen sie Zeugen unserer Erlösung sein ... Ich schweige davon, dass, wo keine Juden sind, christliche Wucherer nur umso ärger die Juden machen, wenn man sie überhaupt Christen und nicht eher getaufte Juden nennen soll ... Doch gehört es zur christlichen Milde, wie die Trotzigen niederzukriegen, so auch die Unterworfenen zu schonen.

M2 A und M2 B: Hagen Schulze / Ina Ulrike Paul (Hg.), Europäische Geschichte, München (bsv) 1994, S. 905 f.

M3

**Kirche und Synagoge,** symbolische Steinfiguren am Straßburger Münster, 13. Jh.

**Lesetipp**

**Günther Bentele, Schwarzer Valentinstag: Ein Kriminalfall aus dem Mittelalter,**
München (Bertelsmann) 2005.

**1** Beschreibe anhand von M1, wo sich die Juden nach ihrer Vertreibung aus Palästina ansiedelten. Achte auf die zeitliche Abfolge (siehe im Umschlag „Historische Sachverhalte beschreiben").

**2** Erarbeite anhand des Darstellungstextes, wie sich das Zusammenleben zwischen Juden und Christen im europäischen Mittelalter entwickelte.

**3** Vergleiche anhand von M2A und M2B die Einstellungen gegenüber den Juden.

**4** Kläre, welcher Phase des Zusammenlebens zwischen Juden und Christen die beiden Steinfiguren in M3 zugeordnet werden können. Begründe.

**5** Bewerte das Verhalten von Christen und Juden.

# Polen und Deutsche

### Deutsche Siedler ziehen nach Osten

Als deutsche Fürsten im 11. Jahrhundert slawische Stämme, die seit dem 10. Jahrhundert zum polnischen Volk gehörten, zwischen Oder und Elbe unterworfen hatten, suchten sie für das neue Territorium des Reiches Siedler. Da in verschiedenen Gegenden des Reiches die Bevölkerung stark angewachsen und die Bauern gezwungen waren, schlechte Böden zu bewirtschaften, folgten viele ihrem Ruf. Zudem wurden Bauern, Handwerker, Kaufleute und jüdische Familien, die aus Westeuropa vertrieben worden waren, mit Sonderrechten angelockt. Siedlungsunternehmer organisierten den planmäßigen Aufbau von Dörfern und Städten „nach deutschem Recht“. Dort lebten die Neuankömmlinge in enger Nachbarschaft mit den einheimischen Polen. Im Gegensatz zu den Neusiedlern blieben diese noch lange unfrei und waren mit hohen Abgaben und Diensten belastet.

### Polen und Deutschland – ein schwieriges Verhältnis

Seit dem 12. Jahrhundert riefen auch die Herzöge des benachbarten Polen immer mehr Deutsche in ihr Land. Sie förderten die Gründung von Städten und Dörfern durch deutsche Kaufleute, indem sie günstige Privilegien verliehen. Das Verhältnis verschlechterte sich jedoch, als der Deutsche Orden* einen eigenen Staat gründete. Zwar trugen die Ordensritter zum Ausbau des Landes bei, ihre Eroberungspolitik führte aber zum militärischen Konflikt mit Polen und Litauen. Schließlich wurde der Orden 1410 bei dem Dorf Tannenberg von polnisch-litauischen Truppen besiegt. Diese Schlacht, die auf beiden Seiten mehr als 8000 Opfer forderte, hat das polnisch-deutsche Verhältnis nachhaltig belastet: Wenn die Polen vom Deutschen Orden sprechen, heben sie die blutige Unterdrückung hervor. „Kreuzritter“ ist daher bis heute in Polen ein Schimpfwort. Auch später wurde Polen wiederholt das Opfer deutscher Eroberungspolitik, besonders in der Zeit des Nationalsozialismus (1933–1945).

**M1** Die deutsche Ostsiedlung

M2

## Die Ziele des Deutschen Ordens

Über die Eroberung des bereits christianisierten polnischen Herzogtums Pommerellen schrieb der Historiker Dieter Zimmerling 1988:

Der Einmarsch nach Danzig und Pommerellen markiert einen bedeutsamen Umschwung im Dasein des Deutschen Ritterordens. Es ist eine Wende zum Schlimmen ..., die ihn wegführt von seinen eigentlichen Aufgaben und Zielen, nämlich die Heiden zu unterwerfen und dafür zu sorgen, dass sie sich – wenn auch zwangsweise – zum Christentum bekennen.

Diese Ziele ... hat der Deutsche Orden in dem Augenblick verraten, als er das polnische Herzogtum Pommerellen annektiert[1]. Es ist der Verrat an Gesetzen, nach denen der Orden in Preußen angetreten ist und nach denen er ein Staatswesen begründet hat. Jetzt spätestens, in den Jahren 1308 und 1309, ... entlarvt er sich als ein Raubstaat – ein Raubstaat, der nicht davor zurückschreckt, christliche Völker zu unterjochen.

Dieter Zimmerling, Der Deutsche Ritterorden, Düsseldorf (Econ) 1988, S. 189 f.

[1] in Besitz nehmen

M3

## Ein Krieg gegen Heiden

Der Historiker Hartmut Boockmann schrieb 1981 über den Krieg des Deutschen Ordens gegen die heidnischen Preußen:

Freilich hier ... kommt zur Schädigung der Lebensgrundlagen des Gegners die erklärte Absicht hinzu, die Männer zu töten – während man beim Krieg zwischen christlichen Gegnern dieses Ziel in der Regel nicht hatte: Der tote Gegner hätte ja kein Lösegeld gebracht. Zu dem normalen Typus des Krieges im Mittelalter kommen hier die Elemente des Heidenkrieges hinzu. Denn dass hier die Männer getötet werden sollen, erklärt sich daraus, dass sie Heiden sind und als Feinde des christlichen Glaubens angesehen werden. Nach dem Verständnis derer, die diese Kriege rechtfertigten und die Tötung der Gegner forderten, wurde dabei ein Lebenskampf zwischen Christentum und Heidentum ausgetragen. Es ging um Überleben oder Untergang der christlichen Religion.

Hartmut Boockmann, Der Deutsche Orden, München (C. H. Beck) 1981, S. 107.

M4

**Ein Ordensritter überwacht Bauarbeiten,** Gemälde, 16. Jh.

**Begriffe und Daten**

### Deutsche Ostsiedlung

Deutsche Siedler folgten dem Ruf deutscher und polnischer Fürsten und gründeten seit dem 11. Jahrhundert Dörfer und Städte zwischen Elbe und Oder sowie auf polnischem Herrschaftsgebiet. Die gewaltsame Gründung eines deutschen Ordensstaates belastete die zumeist friedlichen Beziehungen zwischen Deutschen und Polen.

**1** Erarbeite aus dem Darstellungstext und M1 Gründe und Verlauf der Ostsiedlung. Ziehe M4 heran.

**2** Prüfe, wie der Verfasser von M2 die Motive des Deutschen Ordens bewertet.

**3** Erläutere den Begriff „Heidenkrieg" (M3) und zeige, welche Auffassung vom Krieg zu erkennen ist.

**4** Bewerte anhand der Informationen auf dieser Doppelseite die Begegnung zwischen Deutschen und Polen im Mittelalter.

**5** **Recherche:** Im heutigen Polen lebt eine deutsche Minderheit. Erkundet, warum das so ist. Nutzt Internet, Lexika und Fachbücher und präsentiert eure Ergebnisse der Klasse.

# Pilgerreisen im Mittelalter

### Ziele und Motive der Pilger

Schon im Altertum bei vielen Stammeskulturen, später auch im Judentum, im Islam und Buddhismus, gehörten bzw. gehören Wallfahrten zu den überlieferten Glaubensgrundsätzen. Dabei geht der Pilger (lat. pelegrinus: Fremder, Wanderer) von der Hoffnung aus, dass sich an bestimmten, geheiligten Orten Gott offenbaren könnte. Jerusalem, Rom und das Grab des Apostels Jakobus im spanischen Santiago de Compostela zählten zu den bekanntesten Zielen der heiligen Stätten, zu denen Christen im Mittelalter pilgerten. Wallfahrtsorte können im Christentum auf die Verehrung Heiliger zurückgeführt werden, die für die Gläubigen als Mittler eine spürbare Nähe zu Gott herbeiführen sollten. Unglücke und Missgeschicke des Alltags wurden einzelnen Heiligen zugeordnet, die dem Volk als Bitt- und Hilfsadressaten dienten. Motive der Pilger waren beispielsweise der Dank für die Erfüllung eines Wunsches, die Errettung aus höchster Not, das Abgelten einer kirchlichen oder weltlichen Strafe, aber auch der Erwerb von Reliquien. Diese Erinnerungsstücke von Heiligen wurden für Kirchenbauten verwendet.

**Aufbruch zur Pilgerreise,** Fresko, spätes 11. Jahrhundert, Piemont. Ein Priester übergibt dem heiligen Eldrad vor seinem Aufbruch nach Santiago de Compostela Pilgerstab und Pilgertasche.

M1

### Auf der Reise

Männer und Frauen, Gesunde und Kranke, Kleriker und Laien, Reiche und Arme, Fromme und Abenteurer pilgerten zu den Wallfahrtsorten. Sie setzten sich den Gefahren und Unwägbarkeiten einer weiten Reise aus: Hunger und Durst, Hitze und Kälte, Krankheit und Tod. Deshalb startete man – zu Fuß wie die Apostel – mit dem Gefühl, möglicherweise Haus und Heimat nicht wiederzusehen, bezahlte seine Schulden, bat Mitmenschen um Verzeihung für Unrecht und machte sein Testament. Mehr Sicherheit als das individuelle Reisen boten kleine Pilgergruppen. Auf Hilfe während der Reise waren alle Pilger angewiesen, die nicht zu den Reichen gehörten. Übernachtet wurde im Sommer im Freien, im Winter in Klöstern und Hospizen, deren Hilfsbereitschaft für das Erreichen des Pilgerziels unverzichtbar und hoch angesehen war. Informationen zur Vorbereitung der Reise gab es aus Erzählungen, Predigten und handgeschriebenen Pilgerführern.

M2

### Die Aufforderung des Apostels Jakob

**Im 12. Jahrhundert verfasste ein unbekannter Autor das Werk „Historia Karoli Magni", in dem Karl der Große als Beschützer des Jakobsweges verherrlicht wurde. Darin wird berichtet, wie der Apostel Jakob zu Karl im Traum sprach:**

Ich bin der Apostel Jakobus, der Jünger Christi …, den König Herodes mit dem Schwert erschlug und dessen Leichnam vergessen in Galicien begraben liegt, das immer noch unter dem schmachvollen Joch der Sarazenen steht … Der Sternenweg, den du am Himmel gesehen hast, befiehlt dir, von hier aus nach Galicien aufzubrechen, mit einem großen Heer, um die treulosen Heiden zu unterwerfen und meinen Weg und mein Land zu befreien sowie meine Basilika[1] und mein Grab zu besuchen. Nach dir sollen sich alle Völker von Meer zu Meer auf Pilgerfahrt dorthin begeben, um den Herrn um Vergebung ihrer Sünden zu bitten und sein Lob, seine Macht und die Wunder, die er vollbracht, zu verkünden. Und sie werden pilgern von dieser deiner Lebenszeit bis zum Ende des Jahrhunderts.

Zit. nach Hans-Günther Kaufmann / Millán Bravo Lozano, Santiago de Compostela: Auf alten Wegen Europa neu entdecken, Wien (Tyrolia) 1992, S. 38.

[1] Kirche

M3

**Pilger vor Santa Croce in Rom.** Während im Vordergrund eine Gruppenführung stattfindet, ruht im Hintergrund ein Pilger. Gemälde von Hans Burgkmair, um 1500.

M4

## Europäisches Bewusstsein?

Der Historiker Norbert Ohler schrieb 2005:

Pilger gehörten zu den Gruppen, die, aus vielen Völkern und Sprachen stammend, die abendländische Christenheit zusammenhielten. Fahrten an die Peripherie [Rand] der lateinischen Christenheit – man denke an Jerusalem, Bari, Santiago und Tschenstochau – haben Bindungen Süditaliens, Spaniens und Polens an das übrige Europa gefestigt ... In einer Zeit, da zentrifugale [auseinanderstrebende] Kräfte die Einheit des Reichs lockerten, sorgten Wallfahrer für ein Gegengewicht: Wer von Stettin nach Thann zog, entwickelte ein Wir-Gefühl, das die Menschen in Nordost- und Südwestdeutschland miteinander verband ... Es lassen sich sogar Ansätze zu einem gemeineuropäischen Bewusstsein erkennen. Dies konnte zur arroganten Abschottung gegen die „anderen" führen, seit dem Spätmittelalter vor allem gegen „die Türken".

Zit. nach Klaus Herbers u. a., Pilgerwege im Mittelalter, Darmstadt (WB) 2005, S. 25f.

**1** Erstelle eine Mindmap, die über Ziele, Motive und Reisewege von Pilgern im Mittelalter informiert.

**2** Erarbeite anhand von M1 und M3, wie die Künstler das Thema Pilgerreise dargestellt haben. Nimm die Methode „Bildanalyse" (siehe S. 90) zu Hilfe.

**3** Erkläre mithilfe von M2, warum der Jakobsweg zu einer der wichtigsten Pilgerrouten wurde.

**4** Untersuche M4 unter der Fragestellung, wie der Autor den Zusammenhang zwischen Pilgerreisen und europäischem Bewusstsein sieht. Nimm Stellung, indem du die Informationen auf dieser Seite mit heranziehst.

**5** **Recherche:**

a) Sammelt Informationen über Wallfahrtsorte in Luxemburg und Europa, ihre Geschichte und ihre heutige Bedeutung (Reisebüro, Kirche, Internet).

b) Diskutiert anschließend die Frage: „Wallfahrt – ein Geschäft?"

# Handelsreisen – das Beispiel Seidenstraße

### Fernhandel auf der Seidenstraße

Reisen im Mittelalter war beschwerlich. Nicht nur im christlich-europäischen, sondern auch im muslimischen und im asiatischen Kulturkreis. Dennoch haben Menschen – vor allem seit dem Spätmittelalter – aus unterschiedlichen Motiven immer wieder Reisen unternommen, um ihre angestammten Regionen zu verlassen und die damalige Welt zu erkunden. Pilgerwege, Fernhandels- und Kreuzzugsrouten dienten als Verbindungswege. Etappenstationen und Ziele waren oftmals die großen Städte.

Als der Berliner Geograph Ferdinand von Richthofen 1877 den Begriff „Seidenstraße" prägte, meinte er damit eine Anzahl von Routen, die quer durch Innerasien führten und bereits im Mittelalter den Handel zwischen Europa und China ermöglichten. Haupttransportgut war Seide, eine chinesische Erfindung, die bereits im 5. Jahrhundert v. Chr. in einem keltischen Hügelgrab an der Donau nachweisbar ist. Neben Seide wurde mit Moschus, Diamanten, Jade, Perlen und Rhabarberwurzeln, die als Medizin dienten, gehandelt. Die Waren wurden nicht kontinuierlich transportiert, sondern gelangten über verschiedene Händler nach Europa.

### Reisende auf der Seidenstraße

In den Jahren 1253–1255 unternahm der flämische Franziskaner Wilhelm von Rubruk im päpstlichen und königlichen Auftrag eine Gesandtschaftsreise an den Hof des Mongolenfürsten in die Hauptstadt Karakorum. In seinem Reisebericht beschrieb er Tempel, Märkte, Stadtmauern und getrennte Wohnviertel für Muslime und chinesische Handwerker sowie die für ihn überraschend weltoffenen Stadtbürger. Ein weiterer Franziskaner, Johannes von Montecorvino (1247 bis 1328), unternahm eine Reise nach China und ließ dort eine mit Glocken ausgestattete Kirche bauen. Zur selben Zeit soll sich auch der berühmteste Reisende der Seidenstraße in Peking aufgehalten haben: Marco Polo, der zwischen 1271 und 1295 über Konstantinopel auf dem Landweg ganz China, Tibet und das Grenzgebiet zu Burma bereiste. Marco Polos „Beschreibung der Welt" ist in der neueren Geschichtsforschung in seinem Aussagewert vor allem wegen inhaltlicher Ungenauigkeiten und Widersprüche umstritten. Trotzdem gilt sie als nützliche Informationsquelle über das europäische Interesse an China und Zentralasien im späten Mittelalter.

**M1** **Bedeutende Weltreisende,** 13. bis 15. Jahrhundert

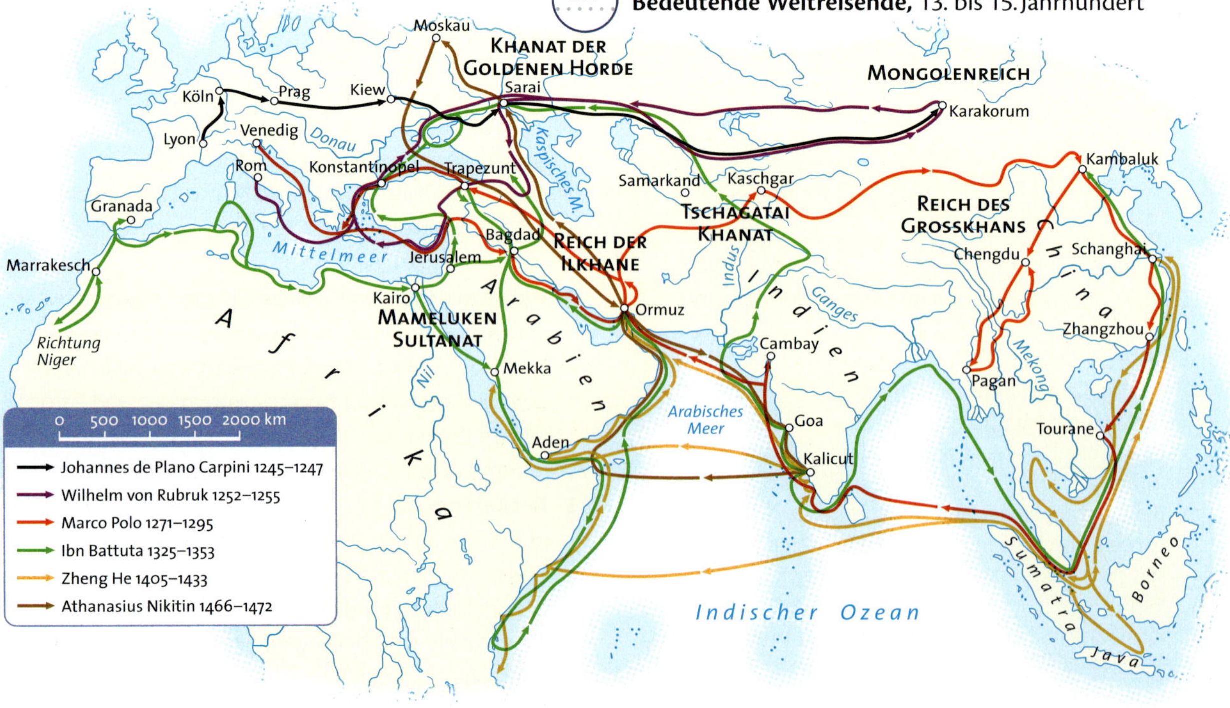

M2

**Marco Polo während seiner Wüstendurchquerung,** Ausschnitt aus dem Katalanischen Weltatlas, um 1375

M4

**Lastwagenstau auf dem Karakorum-Highway zwischen Pakistan und China. Mann mit seinem Kamel auf der Seidenstraße zwischen Jalalabad und Kabul.** Fotos um 2003

M3

## Kultureller Austausch auf der Seidenstraße

Die englische Historikerin Frances Wood schrieb 2007:

Schon etwa 7000 Jahre bevor die Seidenstraße ihren Namen erhielt, wurde zwischen den Oasenstädten am Rand der zentralasiatischen Wüsten und China Handel getrieben. Eines der ersten Materialien, das ... transportiert wurde, war Jade ... Chinesische Seide scheint erstmals im 2. Jh. v. Chr. in das Mittelmeergebiet gelangt zu sein. Sie war somit der erste Handelsartikel, der vom Osten in den Westen exportiert wurde. Die Kenntnis der Römer über ihren Ursprung war allerdings sehr nebulös. Man bezeichnete daher nicht allein die Chinesen, sondern alle Bewohner des Fernen Ostens als „Seres" oder „Seidenmenschen" ... Während der Tang-Zeit [7.–10. Jahrhundert] waren auch fremde Nahrungsmittel begehrte Importwaren. Damals gelangte der Kohlrabi erstmals ... ins Land. Die Zuckerrübe ... könnte durch Araber eingeführt worden sein. 647 n. Chr. sandte der König von Neapel verschiedene exotische ... Gemüse nach China ... Durch den Handel auf der Seidenstraße wurde u. a. auch das chinesische Arzneimittelangebot beträchtlich erweitert ... Ein Importgegenstand, der sowohl die Kleidung als auch die Architektur und den Lebensstil der Chinesen nachhaltig verändern sollte, war der Stuhl ... Der über die Seidenstraße nach China gelangte Glauben [Buddhismus] war von der Bevölkerung begeistert aufgenommen worden und hielt sich über Jahrhunderte.

Frances Wood, Entlang der Seidenstraße, Stuttgart (Theiss) 2007, S. 17 ff.

M5

## „Eigentümlicher Brauch"

Marco Polo schrieb über die Menschen in der Provinz Zardandam:

Dieses Volk hat folgenden eigentümlichen Brauch. Wenn ein Weib ein Kind geboren, das Bett verlassen und den Säugling gewaschen und eingewickelt hat, so nimmt der Mann sogleich den Platz ein, den sie verlassen hat, und das Kind zu sich, das er vierzehn Tage lang nährt. In dieser Zeit besuchen ihn die Freunde und Verwandten der Familie und bringen ihm ihre Glückwünsche, während die Frau die häuslichen Geschäfte verrichtet, dem Mann Speise und Trank ans Bett bringt und den Säugling an seiner Stelle stillt.

Detlef Brennecke (Hg.), Marco Polo. Die Beschreibung der Welt 1271–1295, München (Frederking & Thaler) 2004, S. 219.

**1** Verfasse mithilfe des Darstellungstextes einen Jugendlexikonartikel über die Seidenstraße. Gehe dabei auf den Begriff „Seidenstraße" ein und erläutere, warum sie als Beispiel für kulturelle Begegnungen gilt.

**2** Vergleiche M2 und M4.

**3** Nimm zu den Aussagen in M5 Stellung.

**4** Prüfe mithilfe von M3 die Behauptung, dass der Handel auf der Seidenstraße zu einem kulturellen und religiösen Austausch führte.

**5** **Präsentation:** Beschafft euch Informationen über die Biographien und Reisewege der in M1 genannten Weltreisenden. Berichtet in der Klasse.

# Feindbilder – Fremdbilder – Erfahrungen

## Das Eigene und das Fremde

Die Kontaktmöglichkeiten der Menschen im Mittelalter waren vorwiegend auf ihren unmittelbaren Lebensbereich beschränkt. Größere Mobilität war nur bei Fernhändlern, Diplomaten, Pilgern oder Kriegern zu finden. Für den Dorfbewohner, der in seinem Leben nicht oder nur selten seinen Ort verließ, waren die Einwohner des Nachbarortes die Anderen oder die Fremden, während der Reisende umfassende kulturelle und religiöse Unterschiede erlebte.
Das Andere konnte zum Feindbild werden, wie es sich beispielhaft an den Kreuzzügen, der Verfolgung der Juden und an al-Andalus zeigen lässt. Ein Gefühl der Bedrohung scheint im mittelalterlichen Europa besonders in Krisenzeiten, bei Missernten, Hungersnöten, Kriegen und Krankheitsepidemien, die Entstehung von Feindbildern verstärkt zu haben.

M2

**Illustration auf einer Handschrift des Epos „Willehalm" von Wolfram von Eschenbach,** um 1270. Dargestellt sind ein Kreuzfahrer, ein Muslim, ein Jude und der Dichter Wolfram.

M1

### Kulturkontakt – Kulturkonflikt?

Der amerikanische Historiker Mark R. Cohen schrieb 2005:

In der islamischen Welt galten Juden und Christen, obwohl sie als „dhimmis" Schutz genossen, als Ungläubige und hatten Demütigungen und verächtliche Behandlung vonseiten der dominierenden Gruppe zu erdulden ... Im wirtschaftlichen Bereich waren die Juden unter islamischer Herrschaft offenbar ihren Pendants [Gegenüber] in der islamischen umma [Gemeinschaft aller Muslime] gleichberechtigt ... Im Bereich der Medizin ... dürfte sich die lange vorislamische Tradition der Übermittlung griechischer medizinischer Kenntnisse durch nichtmuslimische (überwiegend christliche) Ärzte ausgewirkt haben. Außerdem überwanden die Muslime in dem Maße, in dem sie dank der neu übersetzten griechischen Literatur im Bereich der Medizin Ebenbürtigkeit erlangten, bereits sehr früh jegliche Minderwertigkeitsgefühle ... Der Gegensatz zu Nordeuropa ist in dieser Hinsicht sehr ausgeprägt. Dort verlieh die allgemeine Rückständigkeit im Bereich medizinischen Wissens jüdischen Ärzten eine Überlegenheit, die bei Christen Neid und oft sogar den Verdacht hervorrief, sie bedienten sich bei der Behandlung christlicher Patienten feindlicher Praktiken ...
Die Situation der jüdischen „Ungläubigen" im Bereich der lateinischen Christenheit ... war ... erheblich prekärer [schwieriger] als die Lage ... unter islamischer Herrschaft. Im lateinischen Westen verstärkte ... die jüdische Wirtschaftstätigkeit die antijüdischen Gefühle des Christentums ... Der tief verwurzelte theologische Hass übte zudem eine zutiefst negative Wirkung auf das Recht und die Politik aus ... In der „Verfolgungsgesellschaft" der Christenheit, um mit Robert Ian Moore zu sprechen, widersetzten sich die Juden ihrem entsetzlichen Schicksal mit einer kraftvollen antichristlichen Polemik [Feindseligkeit]. Unter der Herrschaft des Islams ... nahmen die Juden eine ergebenere Haltung ... ein.

Mark R. Cohen, Die Juden im Mittelalter, München (C. H. Beck) 2005, S. 197 ff.

**1** Finde mithilfe des Darstellungstextes heraus, was die Menschen im Mittelalter als „fremd" oder „anders" ansahen.

**2** Fasse zusammen, wie Cohen (M1) das Zusammenleben zwischen Juden, Christen und Muslimen beschreibt, und kläre den Begriff „Verfolgungsgesellschaft".

**3** Erarbeite die Aussage der Abbildung M2. Ziehe Informationen über das Epos und den Dichter heran.

# Kulturelle Begegnungen und Konflikte

## Überprüfe, was du kannst

### Sachkompetenz

1 „Kulturelle Begegnungen und Konflikte“: Erläutere diese Formulierung am Beispiel
a) der Kreuzzüge (S. 20 f.) und
b) der deutschen Ostsiedlung (S. 24 f.).

### Urteilskompetenz

2 Beschreibe M1 und erörtere, was darin über die gemeinsame Geschichte von Polen und Deutschen ausgesagt wird (S. 24 f.).

### Handlungskompetenz

3 **Erkundung:** In der Gegenwart, vor allem seit dem islamistischen Terroranschlag gegen die USA vom 11. September 2001, sind in öffentlichen Medien wiederholt die Begriffe „Kreuzzug“ und „Heiliger Krieg“ zu lesen bzw. zu hören. Erkundet, was heute damit gemeint sein könnte. Lest noch einmal auf den Seiten 20/21 nach und erörtert, ob sich historische Begriffe in unsere Zeit übertragen lassen.

M1

**Denkmal zur Erinnerung an die Schlacht bei Grunwald (dt. Tannenberg) 1410,** erbaut 1910 in Krakau. Das Reiterdenkmal zeigt den polnischen König Ladislaus II. Jagiello (1386–1434). Am Sockel steht der litauische Großfürst Witold über der Leiche des Hochmeisters (oberster Leiter) des Deutschen Ordens.

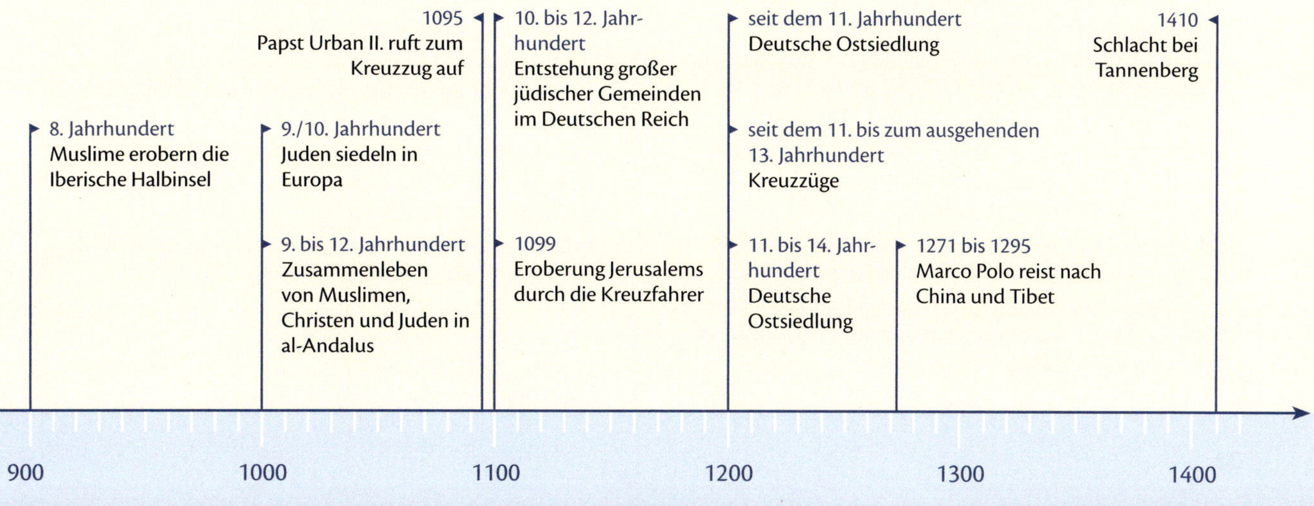

# Was die Menschen im Mittelalter voneinander wussten

Das Universum stellen wir uns heute als einen unendlichen Raum mit Sternen, Planeten, Asteroiden usw. vor. Es hat keine bestimmte Form und kein für uns erkennbares Ende. Wir wissen von den unvorstellbaren Entfernungen zu anderen Sternen und können die Abstände rechnerisch erfassen.

Im Gegensatz zu unserer Vorstellung sahen die Menschen im Mittelalter das Weltall als eindeutig begrenzt an. In vielen Darstellungen findet sich der Schöpfer der Welt thronend über der Erdkugel oder hält sie in seinen Händen.

Verschiedene Schichten, die „Sphären", umhüllten die Erde als Kern. Die äußerste Sphäre war das Licht, das Symbol des Geistes. Dieses „Modell" lag sowohl dem christlichen als auch dem islamischen Denken zugrunde. Die Erde stellte den Raum für Entstehung und Verfall, Geburt und Tod, Sorgen und Not dar. Die höheren Sphären standen für Stetigkeit und Dauer, Licht und Ewigkeit. „Himmlische" Körper bewegten sich auf perfekten, ewigen Bahnen.

Alle Teile dieser Hierarchie standen nach mittelalterlicher Auffassung miteinander in Beziehungen, wie z. B. die Jahreszeiten mit ihren vier Eigenschaften (heiß, kalt, feucht, trocken), mit den vier Elementen (Erde, Wasser, Luft, Feuer) und den vier Lebensaltern (Kindheit, Jugend, Alter, Zeit des Ablebens).

Die mittelalterlichen Geographen interpretierten die Bedeutung von Aussagen der Bibel oder des Korans und versuchten, ihre eigenen Beobachtungen damit in Einklang zu bringen, wie z. B. die Bemerkung Hiobs im Alten Testament der Bibel, dass die Erde an nichts hänge.

## Mittelalterliche Weltbilder

### Religiöse Weltbilder

- Die Welt ist die Schöpfung Gottes und das Zeichen seiner Allmacht.
- Gut und Böse, Paradies und Hölle werden unterschieden.
- Das Gericht Gottes ist das Ende der Weltgeschichte.

**Christentum**

- Bestandteile: Himmelsgewölbe, Erdscheibe, Unterwelt

**Islam**

- Der Himmel wölbt sich über der Erde.
- Die Erde wird als ein ausgebreiteter Teppich mit Bergen dargestellt. Sie ist kugelförmig, von Himmelskörpern umgeben.

### Naturkundliche Weltbilder

- Die Grundlage sind antike griechische Überlieferungen. Im 8. Jahrhundert ist Bagdad das Zentrum der Übersetzung griechischer Schriften, die in Europa wenig oder nicht bekannt sind. Die Schriften erklären die Bewegungen von der Sonne, dem Mond, den Planeten und den so genannten Fixsternen.
- Die kugelförmige Erde ist das Zentrum, das von der großen Sphäre des Himmels umgeben ist.
- Planeten drehen sich in bestimmten Kreisbewegungen um die unbewegliche Erde.
- Man nimmt an, dass der Schöpfer die Naturgesetze eingerichtet hat.

### Kulturelle Begegnungen und Konflikte

- Muslime, Juden und Christen lebten unter arabischer Herrschaft in al-Andalus zusammen. Während die verschiedenen Kulturen verschmolzen und es zu einer Blüte kam, wurden jedoch Juden und Christen, die nicht zum Islam übertraten, diskriminiert.
- Kreuzfahrerstaaten: Zusammenleben von Christen und Muslimen teils von friedlichen Kontakten, teils von Vorurteilen und Feindschaft geprägt.
- Juden im mittelalterlichen Europa: Das Zusammenleben mit der christlichen Bevölkerung verlief zunächst friedlich, seit Beginn des 11. Jahrhunderts wurden sie zunehmend in eine Außenseiterrolle gedrängt und sahen sich zahlreichen Verleumdungen ausgesetzt.
- Die deutsche Ostsiedlung: Die Eroberungspolitik des Deutschen Ordens führte zu Konflikten mit Polen und Litauen und mündete schließlich in die Schlacht bei Tannenberg, die tausende Opfer forderte.
- Pilgerreisen: Pilgerer durchquerten auf ihren Wallfahrten fremde Länder und trafen auf fremde Kulturen.
- Handels- und Entdeckungsreisen: Fernhandel mit China über die so genannte Seidenstraße, Entdeckungen von Reisenden wie Marco Polo.
- Feind- und Fremdbilder: begrenzte Kontakte lassen alles Unbekannte als fremd bzw. feindlich erscheinen.

### Weltbilder im christlichen Europa

Viele Kenntnisse mittelalterlicher Geographen waren aus der Antike überliefert. Die Vorstellungen von der Erde als Kugel oder als Scheibe bestanden im Mittelalter nebeneinander.
Die T-O-Karte ist im Mittelalter das bekannteste Schema für die Darstellung der bewohnten Welt. Die Welt wurde O-förmig dargestellt und das Festland in die drei Kontinente Asien, Europa und Afrika unterteilt. Nach biblischer Tradition waren Karten grundsätzlich nach Osten ausgerichtet, weil dort die Sonne aufgeht, die Licht und Wärme bringt. Deshalb befindet sich nach christlicher Vorstellung dort das Paradies. Außerdem fuhr Christus nach der Bibel gen Osten in den Himmel.
Die Zonenkarten stellten die Erde in ihren Klimazonen dar. Die Begrenztheit des Raumes wurde durch einen Rand, z. B. um die Ozeane herum, angezeigt.
Verwendung fanden geographische Karten sowohl im religiösen als auch im wissenschaftlichen Bereich, z. B. in der Landvermessung und als Routenkarten für Seefahrer oder Pilger. Mittelalterliche Karten waren vor allem Weltkarten. Sie waren jedoch keine maßstabsgetreuen Abbildungen der realen Welt, sondern Versuche, das Universum aus religiöser und geschichtlicher Sicht zu erklären. Deshalb zeigen manche am östlichen Ende Adam und Eva bei der Vertreibung aus dem Paradies, dem Beginn menschlicher Zeitvorstellung und der „Eroberung“ des irdischen Raumes.

### Weltbilder im islamischen Orient

Islamische Gelehrte des 9. Jahrhunderts hatten ihre Kenntnisse direkt aus wissenschaftlichen Schriften der Griechen, zum Teil in arabischer Sprache. Römische und frühchristliche Abhandlungen waren ihnen nicht zugänglich. Das führte z. B. dazu, dass T-O-Karten in der islamischen Kartographie nicht bekannt waren.
Im Gegensatz zu christlichen sind auf islamischen Karten keine religiösen Abbildungen zu finden, da nach dem Koran die bildliche Darstellung von Gott nicht üblich war. Obwohl sich im Koran Hinweise über die Erschaffung der Welt finden, war das Motiv für die Herstellung von Karten wohl vorrangig weltlich: Sie waren für praktische Zwecke gedacht, wie Handel, Reisen und Seefahrt.
Islamische Regionalkarten gab es in verschiedenen Typen: Ältere Karten stellten nur das islamische Reich dar, Entfernungen zwischen den Wegstationen wurden markiert und geographische Details der Erdoberfläche weggelassen. Jüngere Karten zeigen Zonen mit bestimmten Abschnitten und in stilisierter Form Flüsse und bedeutende Erhebungen. Andere enthalten Legenden und Begleittexte, die auf spezielle Kenntnisse, z. B. über das östliche Mittelmeer, schließen lassen.

### Weltbilder in China

Ältere chinesische Weltbilder aus der Zeit des europäischen Mittelalters zeigen den Zusammenhang zwischen dem Weltbild und der Städteplanung bzw. dem Städtebau. Die Stadt sollte Abbild des Universums sein. Mauern dienten dem Schutz und der Kontrolle in der hierarchisch gegliederten Gesellschaft.

### Kulturelle Begegnungen und Konflikte

Mittelalterliche Weltbilder erscheinen uns heute starr und unbeweglich. Tatsächlich können wir aber davon ausgehen, dass die Vorstellungen der Menschen durch vielerlei Begegnungen beeinflusst wurden – einerseits infolge von Konflikten und Kriegen, andererseits durch Reisen oder den Umzug in neue Siedlungsgebiete, wie die Ostsiedlung zeigt. Beispiele für konfliktreiche Begegnungen sind die Kreuzzüge des 11. bis 13. Jahrhunderts. Das Zusammenleben von Muslimen, Christen und Juden in al-Andalus verlief nur zeitweise friedlich, meist war es von Ausgrenzung bis hin zu Verfolgung geprägt. Auch die Begegnung von Christen mit den sich in Europa ansiedelnden Juden veränderte sich von friedlichem Zusammenleben bis zur Verfolgung und Gewalt gegen Juden durch Christen. Bilder von anderen wurden zu Feindbildern, die gewaltsame Konflikte auslösen konnten.
Obwohl das Reisen im Mittelalter zeitaufwendig und voller Risiken war, begaben sich Menschen in entfernte Länder und Regionen. Ein wichtiger Anlass waren Pilgerfahrten, z. B. zu den nächstgelegenen Wallfahrtsorten oder nach Jerusalem und Mekka. Ein weiterer wichtiger Grund zum Reisen war der Handel. Viele Informationen z. B. über den Handel auf der Seidenstraße, den Verkehr der Handelsschiffe auf dem Mittelmeer sowie von Messen, zu denen Kaufleute aus ganz Europa fuhren, sind überliefert. Das Weltbild der Menschen im Mittelalter erweiterte sich deshalb zunehmend.

# 2. Neue Welten – neue Horizonte

Zwei Männer, links ein Diplomat, rechts ein Gelehrter und Kirchenmann, wurden mit einer Anzahl von Gegenständen abgebildet: einem Kruzifix, einem Himmelsglobus, einer Sonnenuhr, einem Zirkel, einem Globus, einer Rechenlehre, einer Laute, Flöten und einem Gesangbuch. Im Vordergrund ist ein Totenschädel zu sehen – so verzerrt, dass man nur aus spitzem Winkel von links unten etwas erkennen kann.
Der Maler Hans Holbein der Jüngere stellte 1533 nicht zufällig diese Figuren und diese Gegenstände zusammen. Die Komposition kann als „Schlüssel" für eine neue Zeit gesehen werden, die im 13. Jahrhundert ihren Anfang nahm. Es ist eine Zeit der Entdeckung „neuer Welten" und „neuer Horizonte" mit abenteuerlichen Erfindungen und Erkenntnissen von Naturforschern, Astronomen, Medizinern, Künstlern und Seefahrern. Aber auch eine Zeit der Begegnung zwischen Menschen unterschiedlicher Kulturen sowie Konflikte und Kriege um Glaubensfragen.

***Folgende Fragen leiten dich durch das Kapitel:***

- ***Wo liegen die Ursprünge der „neuen" Zeit und welche Merkmale kennzeichnen sie?***
- ***Wie veränderte sich das Welt- und Menschenbild durch die Erfindungen und Entdeckungen?***
- ***Welche Ursachen und Folgen hatte die Spaltung der römischen Kirche?***

**1** Erarbeite, welche Informationen über die „neue Zeit" den Abbildungen zu entnehmen sind. Zieht den Darstellungstext heran.

**2** Diskutiert in der Klasse, ob sich in den Bildern etwas finden lässt, was ihr als „modern" bezeichnen würdet.

*Die Gesandten, Gemälde (2 × 2 m) von Hans Holbein dem Jüngeren, 1533*

Der Reformator Martin Luther, Altarbild von Lucas Cranach dem Älteren (Ausschnitt), um 1550

Fahnenträger des historischen „Bundschuh" im Bauernkrieg von 1525

# Die Stadtgesellschaft als Ursprung von Renaissance und Humanismus

**Wissen • Urteilen • Handeln • Methoden anwenden**

Am Ende dieses Unterkapitels kannst du

- den Wandel der Gesellschaft in den italienischen Stadtstaaten im 14. Jahrhundert erläutern
- Merkmale der Renaissance nennen
- darlegen, inwieweit Leonardo da Vinci als Beispiel eines „Renaissancemenschen" gelten kann
- die Verbindung von politischer und wirtschaftlicher Macht am Beispiel der Republik Florenz erklären
- am Beispiel der Fugger Merkmale des Frühkapitalismus nennen
- Merkmale des Humanismus als geistige und kulturelle Bewegung der Renaissance erläutern
- **Methode** Bilder vergleichen

## Italienische Stadtstaaten im 14. Jahrhundert

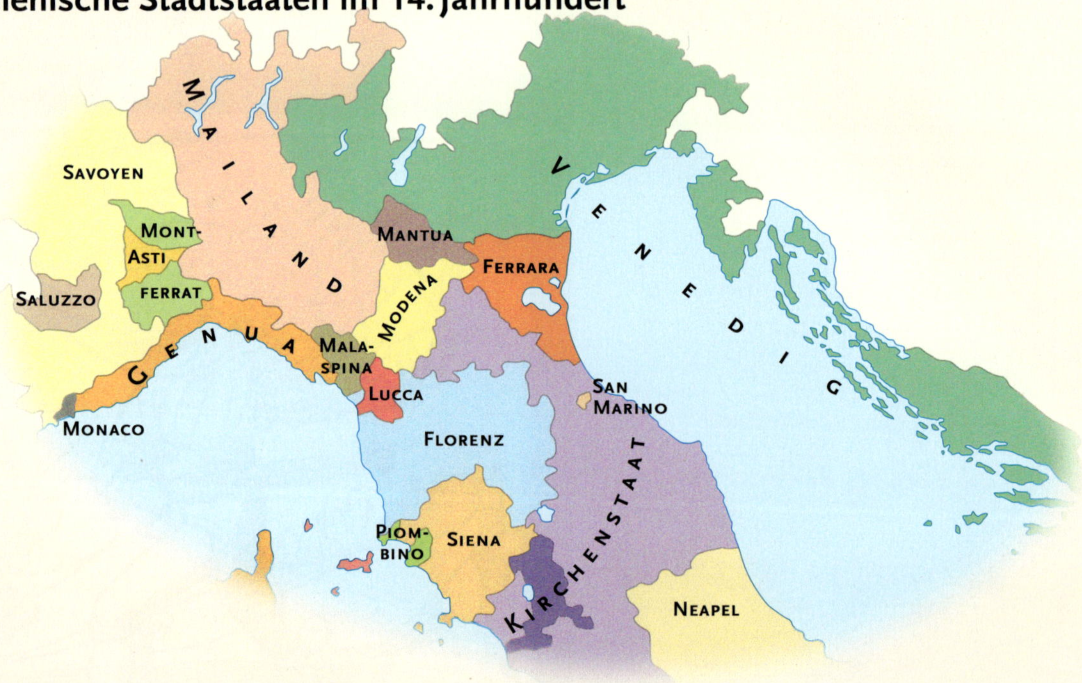


Mittelalter – um 500 bis 1500

Renaissance und Humanismus – um 1300 bis 1600

Neuzeit – seit um 1500

# Städtische Herrschaft und Kultur in Italien

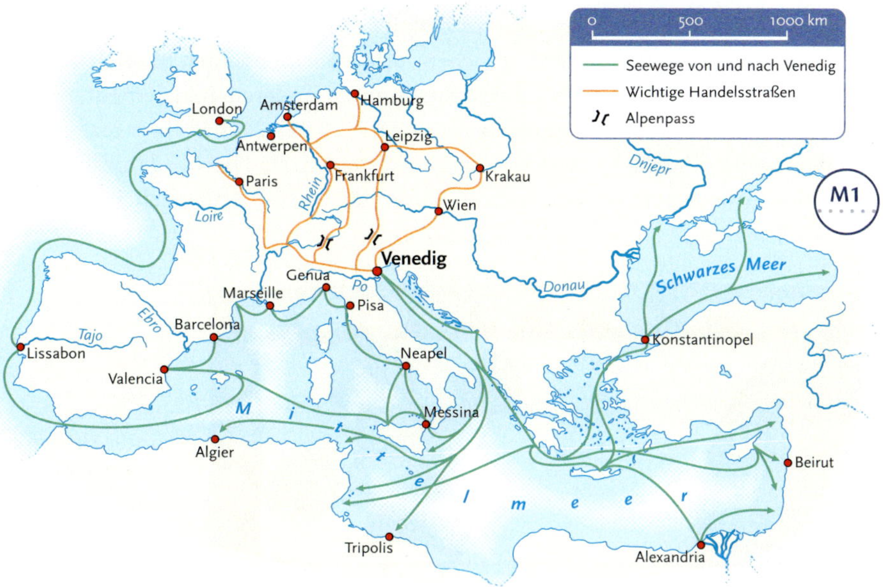


**M1** **Handelsverbindungen Venedigs um 1500**

## M2 Eine neue Gesellschaft?

**Der Historiker Volker Reinhardt schrieb 1990 über die Entstehung der Renaissance in Italien:**

Bereits im 14. Jahrhundert zeigen sich fundamentale [grundlegende] Veränderungen im Gefüge der Apennin-Halbinsel: ... Obwohl uralte Lehnsgesetze Stadtrepubliken wie Florenz nach wie vor an den Kaiser binden, verwalten diese sich nunmehr weitestgehend selbst ... Die städtische Elite steigt auf, wird reich und selbstbewusst ... Intellektuelle [prägen] ein neues Bild vom Menschen ... Gelehrte wie Francesco Petrarca schulen ihre Sprache am Latein Ciceros ... Bald wird man sie Humanisten nennen, und sie prägen das Bildungsideal des Abendlandes bis heute ... Die politischen Verhältnisse in der italienischen Staatenwelt stabilisieren sich ... Im Zuge dieser Entwicklung bilden sich ab etwa 1430 Fürstenhöfe eines völlig neuen Typs ... Die Höfe müssen Prunk und Glanz produzieren, um sich die nötige Legitimation [Rechtfertigung] zu verschaffen. Dazu werden alle verfügbaren Medien genutzt: ... kunstvoll komponierte Fresken, monumentale Bauten und antikisierende Statuen ... [Die Renaissance] formt eine neue Gesellschaft, ... [in der] sich eine schmale ... Oberschicht durch den Kult der schönen Dinge über das Volk erhebt, das es zu beherrschen gilt ... Für die kleinen Leute aber gibt es keine Renaissance.

Volker Reinhardt, Aufbruch zu neuen Horizonten. In: Geo Epoche (19), 2005, S. 22 f.

**Begriffe und Daten**

### Renaissance

(franz., nach ital. rinascimento = Wiedergeburt). Bezeichnung für die Wiederentdeckung der Epoche der Antike. Die Bewegung der Renaissance begann im ausgehenden 13. Jahrhundert in den italienischen Stadtstaaten und breitete sich über etwa 300 Jahre lang in ganz Europa aus. Diese Zeitspanne wird heute als der Übergang vom Mittelalter zur Neuzeit gesehen. Als wesentliche Merkmale der Renaissance gelten: ein Bewusstsein von der individuellen Persönlichkeit, ein neuer Kunststil in der Malerei, Bildhauerei und Architektur, ein verstärktes Interesse an den Naturwissenschaften und ein wirtschaftlicher Wandel (Entstehen großer Handelsgesellschaften und Bankhäuser, Entfaltung der Geldwirtschaft, Ausweitung der Handelsräume).

**1** Liste die gesellschaftlichen Veränderungen auf, die der Autor von M2 nennt.

**2** Prüfe, ob der Kasten ergänzende Merkmale zur Beschreibung der Renaissance enthält.

**3** Beschreibe anhand der Karte auf S. 36, welche Länder es im 14. Jahrhundert in Italien gab.

**4** Erkläre, ausgehend von M1, warum sich in den Stadtstaaten eine neue Oberschicht herausbilden konnte.

# Bilder vergleichen

## Bilder zeigen Veränderungen

Das Neue an der Malerei der Renaissance lässt sich gut erkennen, wenn sie mit einer Darstellung aus dem Mittelalter verglichen wird. Die Künstler der Renaissance verwendeten nicht nur andere Techniken als die Künstler des Mittelalters, sie verbanden mit ihrer Arbeit auch ein anderes Ziel: Jede Einzelheit ihrer Bilder sollte „für sich“ sprechen, d.h. dem Betrachter über sich selbst und ihre Beziehung zu anderen Bildelementen Auskunft geben. Die Menschen sollten in ihrer realen Umwelt, die Figuren körperlich statt flächig dargestellt werden und der Raum „täuschend“ echt erscheinen.

**Bernger von Horheim,** mittelalterliche Illustration aus einer Sammlung von Minneliedern, 14. Jh. Der abgebildete Bernger von Horheim stand im Dienst der Staufer. Er gehörte zwischen 1180 und 1190 zum Kreis des Minnesängers Friedrich von Hausen, der zu den bekanntesten Dichtern des 12. Jahrhunderts zählte.

M2

**Hochzeitsbild des Ehepaares Jakob Fugger und Sibylla Artzt,** Gemälde von Thomas Burgkmair, 1498. Jakob Fugger war 39 Jahre alt, als er Sibylla Artzt heiratete. Ihr Geburtsdatum ist nicht urkundlich bekannt, aber man nimmt an, dass sie im Jahr 1480 geboren wurde. Sibylla war an Musik, Kunst und Wissenschaften interessiert. Sie stammte aus einer wohlhabenden Augsburger Patrizierfamilie. Die Ehe zwischen ihr und Jakob Fugger blieb kinderlos.

**1** Vergleiche die beiden Paardarstellungen mithilfe der Arbeitsschritte. Achte bei Schritt 1 darauf, wie in den Bildern deutlich gemacht wird, dass die Personen ein Paar sind.

**Arbeitsschritte**

### 1. Schritt: Einzelheiten der Bilder erfassen

- Darstellung von Personen, Gegenständen und Umgebung: Wirken sie lebensecht? Gibt es Merkmale, die den Charakter, bestimmte Eigenschaften, Beruf oder die Vermögensverhältnisse erschließen lassen?
- Aufbau des Bildes: Wie wird der Blick des Betrachters auf das Bildzentrum gelenkt? Wie gestaltet der Künstler den Hintergrund des Bildes? Gibt es eine Verbindung zwischen Vorder- und Hintergrund, zwischen Mittelpunkt und Umgebung?

### 2. Schritt: Gemeinsamkeiten und Unterschiede erarbeiten

Notiere die Unterschiede, die du zwischen beiden Bildern gefunden hast, in einer Tabelle.

### 3. Schritt: Die Aussage der Bilder erschließen

- Wer sind die Personen, die dargestellt sind? Waren sie z. B. arm oder reich, unbekannt oder berühmt, machtlos oder mächtig?
- Wie zeigt sich die Einstellung des Künstlers zu den abgebildeten Personen?
- Lebten die abgebildeten Personen wirklich?
- Unter welchen Bedingungen sind die Bilder entstanden? Informationen über Künstler, Auftraggeber und Absicht findest du z. B. in der Bildlegende.

### 4. Schritt: Gesamtaussage vergleichen

Gib die Aussage der beiden Bilder wieder. Mache deutlich, was der Künstler jeweils ausdrücken wollte. Weise insbesondere auf Unterschiede zwischen beiden Bildern hin und finde eine Erklärung.

# Leonardo – ein Mensch der Renaissance?

## Ein Genie für alle Fälle

Studien über die Anatomie des Menschen, Landkarten, mathematische Formeln und viele Skizzen utopischer Objekte stammen aus der Hand des Italieners Leonardo. Sie erinnern an Segelflugzeuge, Hubschrauber oder Panzer. „Ein Genie für alle Fälle", ein „uomo universale" (ital. ein Universalgelehrter), so wird Leonardo da Vinci immer wieder genannt. Es wird berichtet, dass Leonardo, wenn er auf dem Gerüst an einer Wandmalerei arbeitete, den Pinsel von Sonnenaufgang bis Sonnenuntergang nicht aus der Hand legte. Manchmal soll er aber auch das Werk tagelang nicht angerührt haben, um stattdessen stundenlang in kritischer Versunkenheit die Figuren zu betrachten. 6000 Blätter mit Notizen und etwa 100 000 zum Teil winzige Skizzen sind erhalten geblieben.

**Biographie**

### Leonardo da Vinci (1452–1519)

Der italienische Maler, Bildhauer, Architekt, Naturforscher, Ingenieur und Kunsttheoretiker gilt als Universalgenie. Er arbeitete am Mailänder Hof, in Florenz, Rom und Frankreich. Berühmt wurde Leonardo durch ungewöhnliche Beobachtungsschärfe, sensibles Naturgefühl und psychologisches Einfühlungsvermögen, wie sie in seinen Werken deutlich werden. Viele seiner Werke blieben unvollendet. Unklar ist auch, ob das abgebildete „Selbstporträt" nur eine Vorstudie für eine Gemälde-Figur ist.

M1

**Mona Lisa** (oder: La Gioconda), Gemälde von Leonardo da Vinci, 1503–1506

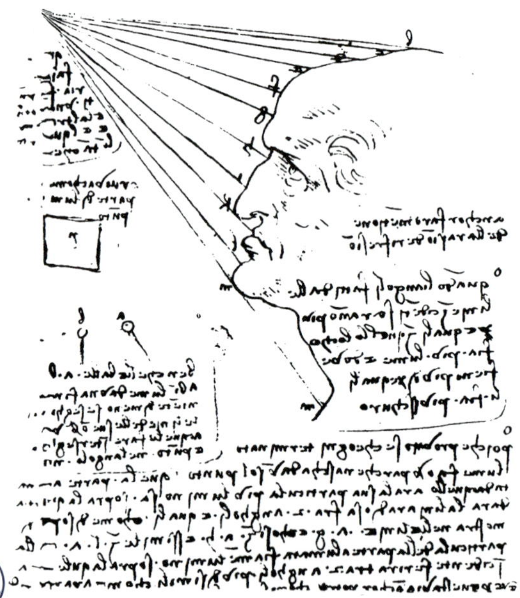

M2

**Profilbild eines Mannes,** Zeichnung von Leonardo da Vinci, 1490. Leonardo versah seine technischen Zeichnungen mit Spiegelschrift. Er notierte: „Da bewiesen ist, dass jedes bestimmte Licht von einem einzigen Punkt stammt oder zu stammen scheint, wird die von ihm beleuchtete Seite ihr hellstes Licht in dem Abschnitt haben, auf den die Linie des Lichtstrahls senkrecht fällt … und dieser Abschnitt der beleuchteten Seiten wird dort weniger hell sein, wo die Einfallslinie ihn zwischen zwei ungleichen Winkeln trifft."

M3

**„Mailänder Abendmahl“,** Wandgemälde von Leonardo da Vinci im Kloster Santa Maria delle Grazie in Mailand, 1495 bis 1497, 4,60 × 8,80 m. Leonardo verwendet die heute noch gebräuchliche Zentralperspektive. Diese Abbildungsart lässt durch das Vorhandensein eines Fluchtpunkts auf einer Fläche den Eindruck einer dreidimensionalen „Welt“ entstehen. Der Fluchtpunkt befindet sich beim Abendmahl in der Schläfe der Christusfigur im Zentrum des Bildes und ist zugleich der Punkt, in dem sich alle (perspektivischen) Strahlen treffen. Leonardo hat die Strahlen mittels eines Nagels und gespannter Schnüre ermittelt.

M4

## „Die wahren Wissenschaften“

Leonardo da Vinci schrieb 1508:

Doch die wahren Wissenschaften sind diejenigen, die Dank der Erfahrung durch die Sinne gegangen sind … und die ihre Erforscher nicht mit Träumen abspeisen, sondern immer, aufgrund von ersten, wahren und bekannten Prinzipien, Schritt für Schritt fortschreiten mit wahren Folgerungen bis zum Ende, wie dies in den ersten mathematischen Wissenschaften offenbar ist, das heißt bei Zahl und Maß, genannt Arithmetik und Geometrie … Hier wird man nicht herumstreiten, ob zweimal drei mehr oder weniger als sechs ausmachen oder ob ein Dreieck weniger als zwei rechte Winkel hat, sondern mit ewigem Schweigen wird jeder Streit erstickt, und friedlich erfreuen sich (an diesen Wissenschaften) ihre Anhänger, was die lügnerischen, rein verstandesmäßigen Wissenschaften nicht erreichen können.

Zit. nach Hagen Schulze / Ina Ulrike Paul (Hg.), Europäische Geschichte, München (bsv) 1994, S. 663.

**1** Untersuche M1 und M3 mithilfe der Methode „Bilder vergleichen“ (siehe S. 38 f.). Nenne Merkmale der Renaissance.

**2** Erkläre, welche Absicht Leonardo mit der Zeichnung M2 verfolgte.

**3** Untersuche, wie Leonardo in M4 die Rolle der Erfahrung bei der Gewinnung von wissenschaftlichen Erkenntnissen sieht. Nimm begründet dazu Stellung.

**4** Erörtere: Leonardo – ein „Renaissancemensch“? (siehe im Umschlag „Historische Sachverhalte beschreiben“).

**5** **Recherche:**

a) Sucht Beispiele für die Tätigkeiten Leonardos als Maler, Bildhauer, Naturforscher und Architekt. Stellt sie der Klasse vor (Lexika, Sachbücher, Internet).

b) Leonardos „Mona Lisa“ gehört zu den berühmtesten Gemälden der Welt. Recherchiert, warum das Bild eine solche Bedeutung erlangt hat.

# Florenz – Stadt der Renaissance

### Eine andere Renaissance?

Die oberitalienischen Stadtstaaten wie Genua, Mailand, Venedig und Florenz hatten sich im 12. und 13. Jahrhundert die Freiheit zur Selbstverwaltung erkämpft. Um 1300 zählte Florenz zu den nach Bevölkerungszahl und Wirtschaftskraft bedeutendsten Städten in Europa. Wollproduzenten, Großkaufleute und Bankiers förderten den Reichtum der Stadt. Politische Instabilität und soziale Spannungen beeinträchtigten jedoch ihren inneren Zustand. Politische Ämter konnten nur männliche Angehörige der Zünfte einnehmen. Innerhalb der gesamten Bevölkerung von etwa 60 000 waren das rund 4000. Da sieben der neun Mitglieder des obersten Rates aus den bedeutenderen Zünften der Bankiers und Großkaufleute kommen mussten, lag die Macht bei wenigen patrizischen Familien.

Im Kampf zwischen der städtischen Oberschicht („Optimaten“) und den Vertretern des Volkes („Popolani“) gelang es der Familie der Medici, einer Bankiersfamilie, die Macht in der Stadt zu übernehmen. Cosimo der Ältere (1389 bis 1464) lenkte die Politik der Republik – ohne eigenes Amt – durch ein enges Netz an Beziehungen und finanziellen Abhängigkeiten durch gezielte Kreditvergaben und Spenden. Da der oberste Rat über die Wahlausschüsse bestimmte, welcher Bürger von Florenz wählbar war und welche Namen überhaupt in den Losbeutel (Wahlbeutel) kamen, war es machtpolitisch am wichtigsten, einen Medici-freundlichen Rat zu schaffen. 1434 hatte es Cosimo geschafft: Für den Wahlbeutel kamen nur noch 50 durch ihn handverlesene Kandidaten in Frage. Lorenzo de Medici (1449–1492), Enkel Cosimos und Förderer von Architekten, Malern und Schriftstellern, festigte die Macht der Familie Medici mithilfe von Gesetzen und Steuern, die seine Gegner schädigten.

M1

**Ansicht von Florenz,** Darstellung aus der Werkstatt des Künstlers Francesco Roselli, 1490

M2

**Lorenzo de Medici (1449–1492)** war 1469 bis 1492 Stadtherr von Florenz. In seiner Zeit war Florenz Wirkungsstätte u. a. von Leonardo da Vinci, Michelangelo und Botticelli.

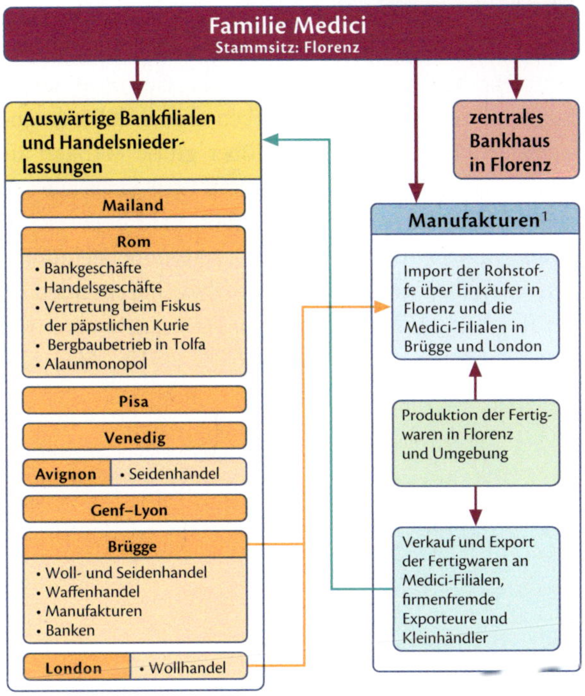


[1] Manufaktur: handwerkartiger Betrieb mit stärkerer Arbeitsteilung und Massenanfertigung

M3 **Das Handelshaus der Medici**

1 Beschreibe M1 und nenne Merkmale, die an Florenz über den Eindruck einer mittelalterlichen Stadt hinausweisen könnten.

2 Stelle anhand des Darstellungstextes, M3 und M5 die politischen und wirtschaftlichen Aktivitäten der Medici zusammen und beurteile die Motive der Familie.

3 Lebten die Menschen in der Renaissance in dem Gefühl, dass ein neues Zeitalter angebrochen sei? Erarbeite, welche Position der Historiker Reinhardt (M4) zu dieser Frage einnimmt.

4 Beantworte die Frage in der Überschrift des Darstellungstextes.

M4

### Bewusstsein von einer „neuen Zeit"?

Der Historiker Volker Reinhardt schrieb 2007:

In den Aufzeichnungen des florentinischen Gewürzhändlers Luca Landucci zwischen 1450 und 1516 etwa ist so gut wie nichts vom Glanz des mediceischen Florenz, sehr viel dagegen vom Elend des Alltags eingefangen. Geschichte erscheint hier als Kreislauf von Krieg, Hungersnot, Überschwemmungen, Hinrichtungen und anderen Kalamitäten[1], die Gott als Strafe für die Sünden, speziell den Hochmut, des Menschen verhängt … Die wahre Größe des Menschen aber ist die Demut vor Gott, der allein die Geschichte lenkt …
Doch ist auch dieser prinzipienfeste Kleinbürger nicht völlig immun gegen deren Wirkungen, wie sein Nachruf auf Lorenzo de Medici im April 1492 zeigt. Bevor er sich über die Nichtigkeit irdischer Herrlichkeit ergeht, listet er nämlich die Erfolge des Verstorbenen in so hohen Tönen auf, dass dieser seine Freude daran gehabt hätte. Mit aller Vorsicht lässt sich dieses Beispiel verallgemeinern: Zwischen oben und unten findet, zumindest in den Städten, Kommunikation der verschiedenen Art, auch Austausch von Ideen und Wertbegriffen statt. Dabei treffen die kleinen Leute ihre Beobachtungen und ziehen ihre Schlüsse, die sie dann in ein sehr eigenständiges, traditionellen Werten verpflichtetes Weltbild … einfügen.

Volker Reinhardt, Die Renaissance in Italien, 2. Aufl., München (C. H. Beck) 2007, S. 115 f.

[1] Notlagen

M5

**Geld- und Wechselgeschäfte in einem Florentiner Bankhaus,** später kolorierter Holzschnitt, 1490. Der Wechsel ist ein Wert-(Kredit-)papier, das eine Verpflichtung beinhaltet, eine festgelegte Geldsumme an einen bestimmten Inhaber des Wechsels, z. B. über eine Bank, zu zahlen.

# Die Fugger: Von der Handelsgesellschaft zum Großunternehmen

## Eine Ausbildung zahlt sich aus

Hans Fugger, ein Weber, war 1367 in die süddeutsche Stadt Augsburg gekommen. In kurzer Zeit erwarb sein Familienunternehmen durch Erfolge im Verlagswesen, im Fernhandel und durch Einheirat in die alteingesessenen Familien der Stadt Reichtum und Ansehen. Der Enkel, Jakob Fugger (1459–1525), erhielt in Italien seine Ausbildung zum Kaufmann. Von dort brachte er neue Methoden mit: Zum Beispiel erleichterte die doppelte Buchführung die Leitung des Unternehmens erheblich. Nach dem Tod seiner beiden Brüder übernahm Jakob Fugger die Firma. Er vervielfachte das Firmenkapital durch Gewinn bringende Handelsgeschäfte, vor allem mit Textilien, Metallen und Gewürzen, mit Bankgeschäften und im Bergbau. Seine Handelsgesellschaft hatte Niederlassungen unter anderem in Lissabon, Antwerpen, Rom und Krakau. Handel, Bankwesen und Politik waren durch ein enges Netz aus „silbernen Fäden“ – Geld – miteinander verbunden.

## Edelmetalle – Schlüssel zur Macht

Fürsten und Kaiser führten ein aufwändiges Leben und waren die Hauptabnehmer teurer Luxusartikel. Fast immer hatten sie Zahlungsschwierigkeiten, besonders durch die Kosten der Kriegsführung. Davon profitierte Jakob Fugger: Er gewährte ihnen Kredit und ließ sich als Sicherheiten deren Schürfrechte in Silber- und Kupferminen übertragen. Denn er hatte erkannt, dass die Ausweitung des Handels immer mehr Geld, d.h. Silbermünzen, notwendig machte. Auch Kupfer war als Rohstoff in der Silbergewinnung und Waffenproduktion sehr begehrt und brachte hohe Gewinne. Jakob Fugger ließ in seinen Bergwerken moderne Förderanlagen errichten und verfügte über große Mengen an Edelmetallen, die er zu günstigeren Preisen als alle anderen Handelsgesellschaften anbot. Bald beherrschte er als einziger Anbieter – in einer Monopolstellung – den europäischen Kupfermarkt. Zwar verabschiedete der Reichstag 1523 ein Monopolgesetz gegen zu große Handelsfirmen, doch Kaiser Karl V. (1519–1556) verhinderte dessen Anwendung.

**M1** **Aufbau einer Handelsgesellschaft um 1500**

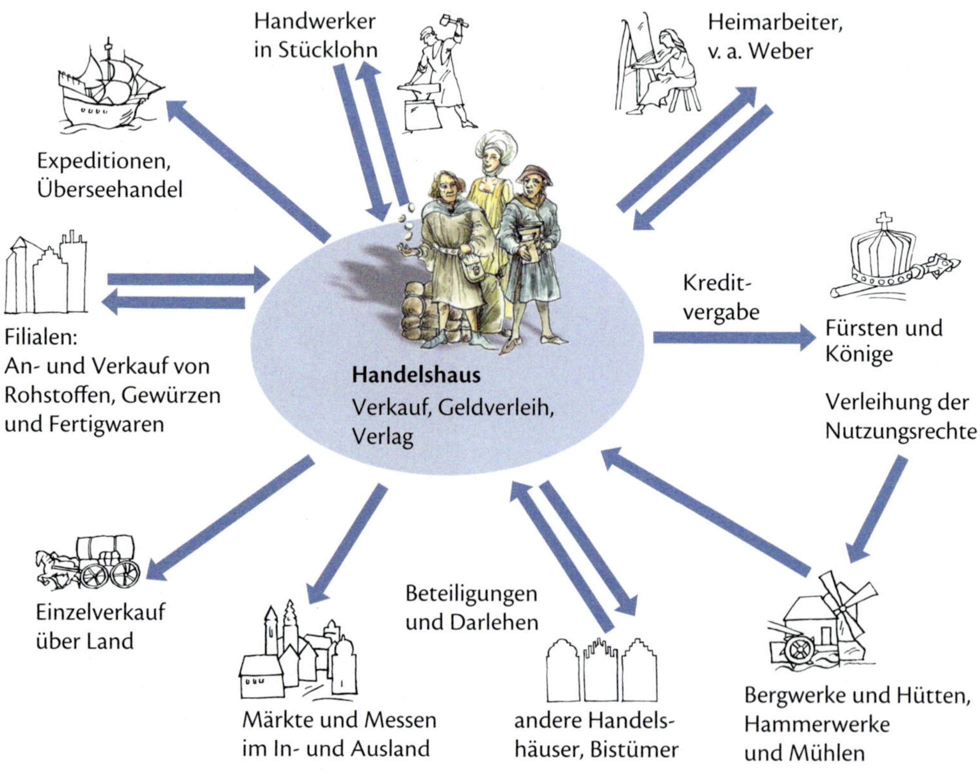

M2

## Jakob Fugger schreibt an Kaiser Karl V.

1519 fiel die Wahl des deutschen Königs und erwählten römischen Kaisers dank eines Kredits von Jakob Fugger auf Karl I., ein Mitglied der österreichischen Fürstenfamilie. Karl hatte sich mit Fuggers Geld die Stimmen der Kurfürsten erkauft. Er bestieg als Kaiser Karl V. den Thron. Verlierer war der französische König Franz I. Jakob Fugger schrieb 1523 folgenden Brief an Karl V.:

Eure Kaiserliche Majestät tragen ungezweifelt gut Wissen, wie ich und meine Neffen bisher dem Haus Österreich zu dessen Wohlfahrt und Aufstieg in aller Untertänigkeit zu dienen geneigt sind. Deshalb haben wir uns auch mit … Kaiser Maximilian, Eurer Kaiserlichen Majestät Ahnherrn, eingelassen und zur Erlangung der römischen Krone für Eure Kaiserliche Majestät uns gegen etliche Kurfürsten verschrieben, die ihr Trauen und Glauben auf mich und vielleicht sonst niemanden setzen wollten. Auch haben wir … ein trefflich Summa Geldes dargestreckt, die ich nicht allein bei mir und meinen Neffen, sondern auch bei anderen meinen guten Freunden mit großem Schaden aufgebracht … So hab ich auch hierin meinen eigenen Nutzen nicht angesehen. Dann wo ich von dem Hause Österreich abstehen und Frankreich fördern hätte wollen, würd ich groß Gut und Geld, wie mir dann angeboten worden, erlangt haben. Was aber Eurer Kaiserlichen Majestät und dem Hause Österreich für Nachteil daraus entstanden wäre, das haben Eure Majestät aus hohem Verstande wohl zu erwägen … So ist an Eure Kaiserliche Majestät mein untertäniges Bitten, die wolle solche meine getreuen, untertänigen Dienste … gnädiglich bedenken und verordnen, dass mir solch mein ausliegend Summa Gelds samt dem Interesse ohne längeren Verzug entrichtet und bezahlt werde.

Zit. nach Jakob Strieder, Augsburger Wirtschaftsleben und Wirtschaftsgeist im Zeitalter der Fugger. In: Heinz F. Deininger (Hg.), Das reiche Augsburg, München (Duncker & Humblot) 1938, S. 77 f.

M3

**Jakob Fugger und sein Hauptbuchhalter Matthäus Schwarz,** Zeichnung, 1525. Die Fugger arbeiteten mit „doppelter Buchführung". Jeder Geschäftsvorgang wurde dabei auf zwei Konten verrechnet, einmal als Belastung und einmal als Gutschrift. So konnten Gewinne und Verluste einer Firma sofort erkannt werden.

**Begriffe und Daten**

### Frühkapitalismus

Bezeichnung für die vom 15. bis zum 18. Jahrhundert in Europa bestehende Wirtschaftsform. Mit der Ausbildung der Stadtwirtschaft bildete sich neben der Landwirtschaft eine kapitalintensive Wirtschaftsweise heraus, in der das so genannte Verlagssystem bedeutend wurde: Einzelne Unternehmer oder Handelsgesellschaften (Verleger*) besitzen alle notwendigen Mittel zur Herstellung und zum Verkauf von Waren wie Geld, Gebäude, Werkzeuge und Rohstoffe. Den Personen, z. B. Handwerkern oder Heimarbeitern, die die Waren produzieren sollen, werden diese Mittel zur Verfügung gestellt. Die Bedingungen diktiert der Verleger (z. B. Höhe des Lohns, Arbeitszeit, Preis des Produkts). Wichtige frühkapitalistische Produktionsbereiche waren der Bergbau, das Verlagswesen und ein sich erweiternder Fernhandel, in denen sich – zum Teil durch herrschaftliche Privilegien bedingt – Monopole bildeten, die den jeweiligen Markt als „Alleinanbieter" beherrschen konnten.

**1** Stelle anhand des Darstellungstextes, M1 und M3 die wesentlichen Veränderungen in der Wirtschaft des 14./15. Jahrhunderts zusammen.

**2** Erschließe aus dem Brief M2 die Beziehung zwischen dem Hause Fugger und Karl V. Berücksichtige den gesellschaftlichen Rang der beiden.

**3** Erkläre den Begriff „Frühkapitalismus" (Kasten) an den Beispielen der Fugger und der Medici (S. 42–45).

# Humanismus: Der Mensch im Mittelpunkt

**Ein „neuer" Mensch in einer „neuen" Welt?**

Der Humanismus als Teil der Renaissance-Bewegung hatte seinen Ursprung im 14. Jahrhundert, das Zeitgenossen als eine sehr unglückliche Zeit beklagten: Kriege, Verwüstung und Massensterben, wie z. B. durch die Pest, erschütterten Europa. In dieser Zeit prägten Gelehrte ein neues Bild vom Menschen: Auch außerhalb der Klostermauern sollten die Menschen in einer Welt des Friedens, zum Besten der Mitmenschen und der Gesellschaft ein gottgefälliges Leben führen.

M1

## Optimismus für die Zukunft?

Der Humanist Erasmus von Rotterdam schrieb 1517:

Da ich sehe, dass die mächtigsten Fürsten der Erde ... alle Kriegsvorbereitungen von Grund aus aufgegeben und das Band des Friedens fest und ... unzerreißbar geknüpft haben, habe ich die bestimmte Hoffnung, dass nicht nur die guten Sitten und die christliche Frömmigkeit, sondern auch die geläuterte, echte Wissenschaft und die schönen Künste teils wieder aufblühen, teils in vollem Glanze sich zeigen.

Zit. nach Hagen Schulze / Ina Ulrike Paul (Hg.), Europäische Geschichte, München (bsv) 1994, S. 666.

M2

## Womit sich Schüler beschäftigen sollen

In seinem Buch „Gargantua und Pantagruel" gab der humanistische Schriftsteller François Rabelais (um 1494 bis 1553) den Brief eines Vaters an seinen Sohn wieder:

Alle Künste und Wissenschaften sind bei uns wieder heimisch, vorab das Griechische, ohne das kein Gelehrter bestehen kann, und mit ihm das Hebräische und das Lateinische ... Darum ermahne ich dich, geliebter Sohn, deine Zeit ersprießlichen Studien zu widmen, und wünsche mir, dass du diese Sprachen vollständig lernst. Im Griechischen bilde deinen Stil an Platon, im Latein an Cicero. Vervollkommne dich in Geometrie, Arithmetik und Musik, erforsche auch die Astronomie ... Vertiefe dich ernsthaft in die Naturkunde, damit dir kein Fisch, kein Gewässer, kein Vogel, Baum, Busch, Gesträuch, Metall und Edelgestein fremd bleibt.

François Rabelais, Gargantua und Pantagruel, München (Biederstein) 1955, S. 327.

M3

## Sind Wissenschaften und Künste schädlich?

Der Naturphilosoph und Okkultist (Okkultismus = Lehre von vermuteten übersinnlichen Kräften) Agrippa von Nettesheim urteilte über Wissenschaften und Künste 1530:

Ich aber ... halte dafür, dass nichts Schädlicheres, nichts Giftigeres ... erfunden werden könne als eben die Künste und Wissenschaften ... Nun bedenke doch, wenn die Wissenschaften auf einen bösen Menschen fallen, so tut er Schaden ... Nichts aber ist unseliger als eine von Gottlosigkeit herrührende Kunst und Wissenschaft ... Denn nicht die Wissenschaft, sondern der gute Wille vereinigt den Menschen mit Gott, und die Wissenschaften, die äußerlich gebraucht werden, tun nichts anderes, als dass sie uns etlichermaßen Gelegenheit zu einem besseren Leben geben ... Aber darf ich mich erkühnen, die rechte reine Wahrheit zu sagen, so muss ich frei bekennen, ... dass es weit sicherer ist, nichts [zu] wissen, als was [zu] wissen ... [mit dem Prediger Salomo gesagt:] ... aber ein Mensch kann das Werk [Gottes] nicht finden, das unter der Sonne geschieht, je mehr der Mensch arbeitet zu suchen, je weniger er findet, wenn er gleich spricht: ich bin weise und weiß es, so kann er es doch nicht finden.

Zit. nach Hagen Schulze / Ina Ulrike Paul (Hg.), Europäische Geschichte, München (bsv) 1994, S. 669 f.

M4

**Humanistischer Schulunterricht,** Holzschnitt, 1496

M5

**„Die Schule von Athen"**, Ausschnitt aus einem Wandgemälde im Vatikan von Raffael, 1510. In der Mitte des Bildes sind die beiden bedeutendsten Philosophen der Antike, Platon und Aristoteles, dargestellt.

M6

## Frauen als Künstlerinnen

Der italienische Kunsttheoretiker Giorgio Vasari schrieb 1550 über die Malerin und Dichterin Properzia de' Rossi (1491–1530):

Sicherlich hat man aber in keinem anderen Zeitalter dies besser erkennen können als in dem unseren, in welchem die Frauen sich größten Ruhm erworben haben, zunächst durch Beschäftigung mit der Literatur, wie es die Frauen Vittoria del Vasto, Veronica Gambara ... und hundert andere getan haben, welche in der Vulgärsprache[1] sowohl als im Lateinischen und Griechischen von großer Gelehrsamkeit waren; aber auch auf allen anderen Gebieten haben sie sich hervorgetan. Als ob sie uns den Ruhm der Überlegenheit nehmen wollten, haben sie sich keineswegs geschämt, mit ihren zarten und weißen Händen die mechanischen Gewerbe, den rauen Marmor und das scharfe Eisen anzugreifen, um ihren Ehrgeiz zu befriedigen und Ruhm davonzutragen, so wie es in unseren Tagen Properzia de' Rossi aus Bologna tat ..., sodass nicht nur die Frauen, sondern alle Männer gegen sie voller Neid waren.

Zit. nach Hagen Schulze / Ina Ulrike Paul (Hg.), Europäische Geschichte, München (bsv) 1994, S. 678.

[1] Volks-, Umgangssprache

**Begriffe und Daten**

### Humanismus

(von lat. humanus = menschlich, menschenfreundlich, gebildet). Mit dem Begriff wird eine Lebensanschauung bezeichnet, die unter den Gelehrten im Zeitalter der Renaissance vorherrschte. Die Humanisten traten für eine umfassende Bildung des Menschen ein. Sie studierten die Quellen der antiken Schriftsteller und beschäftigten sich wissenschaftlich mit Sprachen, Geschichte und Philosophie. Der Humanismus hat seinen Ursprung im 14. Jahrhundert in Italien und breitete sich von dort im Laufe der beiden folgenden Jahrhunderte nach Europa aus.

1 Erarbeite anhand des Darstellungstextes M1 und M4, welche Vorstellungen aus Sicht der Humanisten das Leben bestimmen sollten. Vergleiche mit M3.
2 Werte M2 aus: Warum sollten sich Schüler in den genannten Fächern bilden?
3 Begründe, warum es sich bei M5 um ein typisches Bild aus der Zeit der Renaissance und des Humanismus handelt. Nimm den Kasten zu Hilfe.
4 Ordne M6 in die Renaissancebewegung ein.

# Ein neues Bild vom menschlichen Körper

### Auf dem Weg zu einer neuen Medizin

Seit der Antike machte die Medizin keine bedeutenden Fortschritte. Man begnügte sich mit dem Kopieren und Auslegen alter Schriften, hauptsächlich jener des griechisch-römischen Arztes Galen (129–199 n. Chr.), der das Wissen der Antike nahezu lückenlos zusammengefasst hatte. Es besaß im Mittelalter unangefochtene Autorität. Exakte Beobachtungen am Krankenbett oder auch Tierexperimente waren nicht üblich und verstießen gegen die traditionellen Lehrsätze. Erst in der Renaissance wurde dieses Denken durchbrochen. Andreas Vesal (latinisiert Vesalius; 1514/15–1564), ein flämischer Anatom deutscher Herkunft, erschütterte die Glaubenssätze Galens. Er forderte die Untersuchung der menschlichen Leiche als wichtigste Methode, Erkenntnisse über den Körperbau zu gewinnen. Seine Arbeit revolutionierte die Medizin und machte ihn zum Begründer der modernen Anatomie.

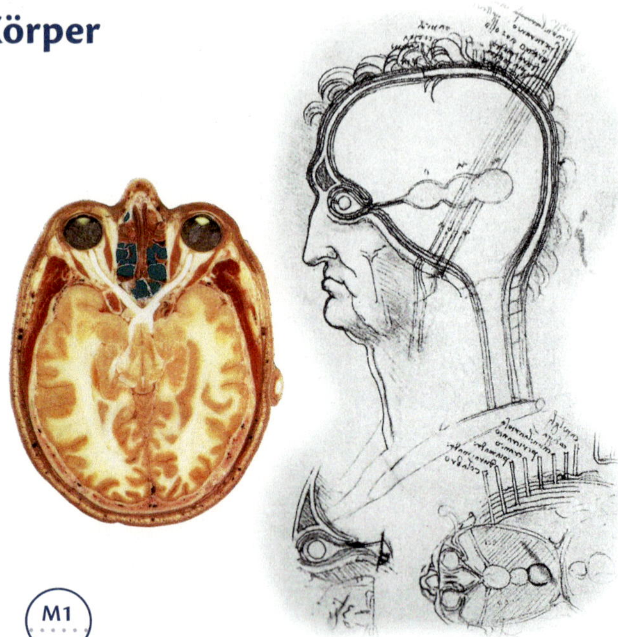

M1

**Rechts: Anatomische Darstellung der Nervenleitungen des Auges zum Gehirn,** Rötelzeichnung von Leonardo da Vinci, um 1510. Leonardo sezierte Leichen, um möglichst genaue Kenntnisse über den menschlichen Körper zu gewinnen. **Links: moderne Computergraphik von Augen und Gehirn, 1998.**

M2

### Die Entdeckung des Blutkreislaufs

Der französische Mediziner Fabiani schrieb 2004:

Als der Engländer William Harvey (1578–1657) 1628 seine Theorie vom Blutkreislauf vorbrachte, stieß er auf heftigen Widerspruch, denn die Idee stand im Widerspruch zu den Lehren Galens ... Doch auch wenn einige ... Beobachtungen [Galens] richtig waren, erwiesen sich insbesondere seine Hypothesen zur Blutversorgung als falsch. Ein steter, von einer physiologischen Pumpe angetriebener Strom entsprach nicht seiner Vorstellungswelt. Vielmehr sollte das Blut in einem Organ entstehen und in anderen verbraucht werden ... Als Quelle sah er die Leber: Aus den Eingeweiden nehme sie verdaute Nahrung in Form von „Milchsaft" auf und verwandle sie in Blut ... Allerdings nahmen arabische Ärzte – vom Abendland nahezu unbemerkt – bedeutende Korrekturen vor. So beschrieb der 1211 in Damaskus geborene Ibn an-Nafis den kleinen Blutkreislauf, auch Lungenkreislauf genannt ... Nach Vesalius versuchten sich noch weitere Mediziner und Anatomen in der Beschreibung zumindest des kleinen Blutkreislaufs. Doch den entscheidenden Schritt vollzog William Harvey.

Als Versuchsobjekt dienten Harvey oft „Kaltblüter" wie Frösche, Schlangen und Fische, deren Herz von Natur aus langsamer schlägt, wodurch sie sich gut zur Beobachtung eignen. Er band zum Beispiel Hohlvene und Hauptschlagader ab, um so die Fließrichtung des Bluts zu ermitteln. Dabei erkannte der Forscher, dass das Herz als Motor des Kreislaufs dienen musste.

Jean-Noël Fabiani, Herz oder Leber? In: Spektrum der Wissenschaft Spezial, Nr. 4, 2004, S. 78 ff.

**1** Beschreibe M1 und erarbeite, welche Absicht Leonardo da Vinci mit der Darstellung verfolgte. Nimm deine Kenntnisse über den Künstler (S. 40 f.) zu Hilfe.

**2** Zeige anhand von M2, welche Bedeutung empirisches Vorgehen für Harvey hatte.

# Die Stadtgesellschaft als Ursprung von Renaissance und Humanismus

M1

**Krönung des Dichters Enea Silvio Piccolomini zum „poeta laureata“,** Fresko von Bernardino Pinturicchio, 1507. In der Renaissance wurde der antike Brauch, hervorragende Dichter mit einem Lorbeerkranz zu ehren, wieder aufgenommen.

## Überprüfe, was du kannst

### Sachkompetenz

**1** Erläutere die Begriffe Renaissance (S. 37), Frühkapitalismus (S. 45) und Humanismus (S. 47)

### Methodenkompetenz

**2** Untersuche M1 und prüfe, ob die Merkmale eines Renaissancegemäldes erfüllt sind (S. 38–41).

### Handlungskompetenz

**3** In der Schule soll das Fach Humanismus eingeführt werden. Stelle zusammen, was Schülerinnen und Schüler in diesem Fach alles lernen sollten.

- um 500 bis 1500 Mittelalter
- um 1300 bis 1600 Renaissance und Humanismus
- 14. Jahrhundert Blütezeit der italienischen Stadtstaaten
- 14. bis 18. Jahrhundert Frühkapitalismus
- 1449 bis 1492 Lorenzo de Medici
- 1452 bis 1519 Leonardo da Vinci
- 1459 bis 1525 Jakob Fugger
- seit um 1500 Neuzeit
- 1519 bis 1556 Kaiser Karl V.
- 1523 Reichstag verabschiedet Monopolgesetz

500 | 1300 | 1350 | 1400 | 1450 | 1500 | 1550

# Entdeckung und Eroberung

**Wissen • Urteilen • Handeln • Methoden anwenden**

Am Ende dieses Unterkapitels kannst du

- die „empirische“ Arbeitsweise Galileis nachvollziehen
- erklären, wie sich in der Frühen Neuzeit das Weltbild der Menschen veränderte
- Voraussetzungen und Folgen der Entdeckung Amerikas darstellen
- Methoden der Kolonisierung in Amerika im 15./16. Jahrhundert beurteilen
- Sichtweisen bei der Beurteilung von Entdeckung und Eroberung unterscheiden

## Entdeckungsreisen im 15./16. Jahrhundert

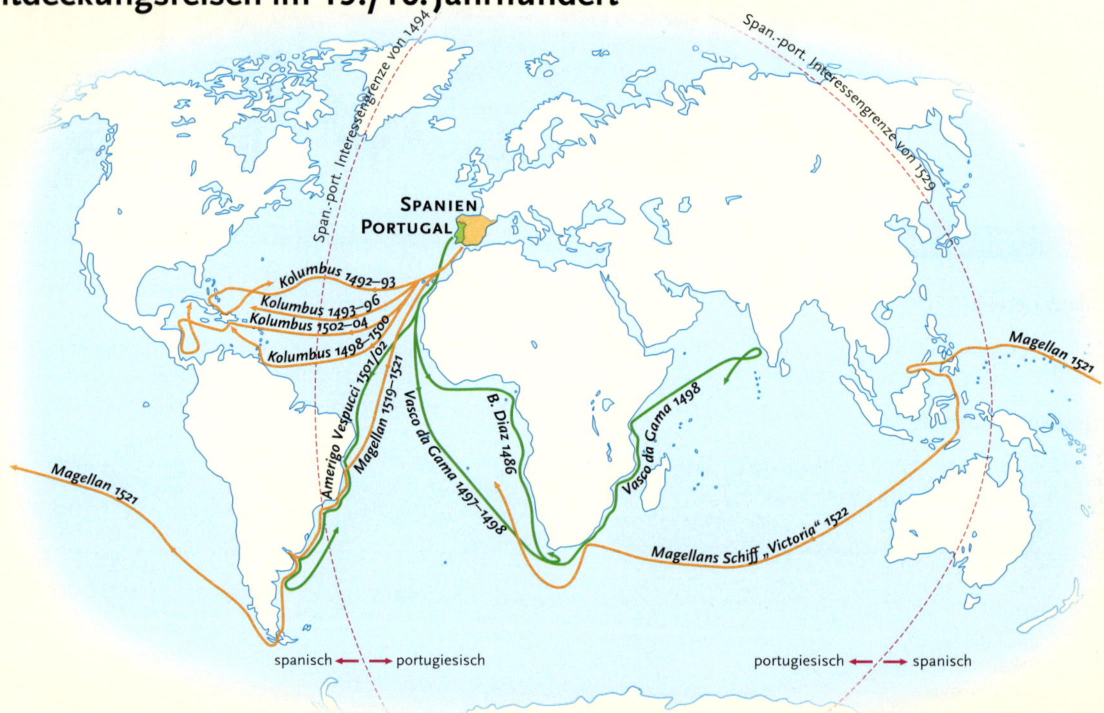


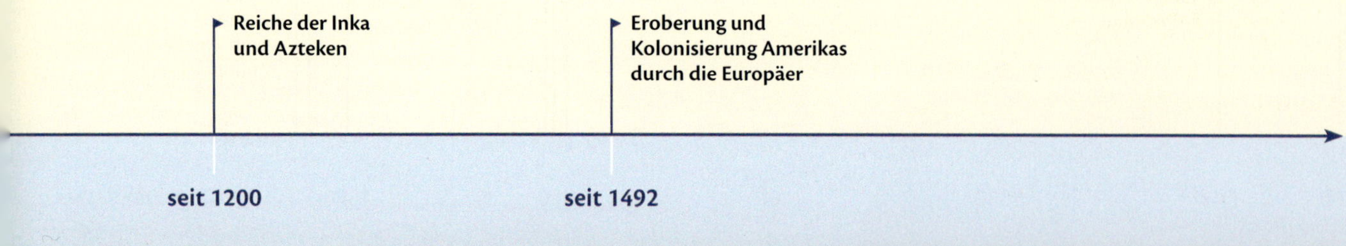

# Galileo Galilei – Die Entdeckung des Experiments

**Biographie**

## Galileo Galilei

Der Forscher (1564–1642) lehrte an der Universität von Padua Mathematik, als er 1610 seine astronomischen Beobachtungen veröffentlichte und damit heftige Diskussionen unter Wissenschaftlern und mit der Kirche auslöste. Fünf Jahre später wurde Galilei vom höchsten kirchlichen Gericht ermahnt, die Ansichten von der um die Sonne kreisenden Erde aufzugeben. Obwohl er immer wieder das Gespräch mit führenden Kirchenvertretern suchte, wurde Galilei 1632 nach Rom befohlen und dazu verurteilt, seinen „Ketzereien" abzuschwören. Unter Hausarrest gestellt hielt er trotzdem Briefkontakt zu anderen Wissenschaftlern im Ausland und veröffentlichte zwei wissenschaftliche Schriften. Erst 1979 zeigte sich die katholische Kirche bereit, Galileis Ansehen wiederherzustellen: Papst Johannes Paul II. würdigte ihn in einer Gedenkrede für Albert Einstein.

M1

**Forschungsinstrumente des Galileo Galilei, 1. Hälfte 17. Jh.,** Foto, 1998

M2

### Das Experiment der „schiefen Ebene"

**In dem Roman „Sofies Welt" (1993) von Jostein Gaarder stellt der Philosophielehrer Alberto Knox dem Mädchen Sofie die Forschungen und Ergebnisse Galileo Galileis vor:**

„Das Wichtigste aber war, dass Galilei das so genannte Trägheitsgesetz entdeckte … ‚Jeder Körper verharrt im Zustand der Ruhe oder der gleichförmigen Bewegung in geradliniger Bahn, solange er nicht durch von außen wirkende Kräfte gezwungen wird, diesen Zustand zu ändern.'" [Alberto Knox holte eine Holzplatte, die am einen Ende einige Millimeter dick und am anderen ganz dünn war. Neben die Holzplatte legte er eine Murmel.] „Was, glaubst du, wird geschehen, wenn ich die Murmel hier oben loslasse, wo die Platte am dicksten ist?" Sofie seufzte. „Ich wette zehn Kronen, dass sie auf den Tisch hinunterkollert und am Ende auf den Boden fällt." … Alberto ließ die Murmel los und sie verhielt sich genau so, wie Sofie prophezeit hatte …

„Jetzt werde ich versuchen, die Murmel quer über die schiefe Ebene zu rollen", sagte er. „Sieh dir genau an, wie sie sich bewegt." Er bückte sich und zielte … Er griff zu einem Filzstift und färbte die Murmel schwarz. Dann ließ er sie wieder rollen. Sofie konnte die Bahn der Murmel auf der schiefen Ebene genau erkennen, denn sie hatte eine schwarze Spur hinterlassen. „Diese Figur nennt man Parabel … Warum bewegt sich die Kugel genau so?" Sofie dachte gut nach. Schließlich sagte sie: „Weil die Platte eine Neigung hat, wird die Kugel von der Schwerkraft zu Boden gezogen." „Ja … du hast gesehen, was passiert, wenn zwei Kräfte gleichzeitig auf denselben Gegenstand einwirken."

**Jostein Gaarder, Sofies Welt, übers. von Gabriele Haefs, München (Hanser) 1993, S. 245 ff.**

**1** Besorgt euch das in M2 beschriebene Material und gestaltet das Experiment nach.

**2** Galileis Arbeitsweise wird oft als „empirische" (= auf Erfahrung beruhende) Methode bezeichnet. Erläutere den Begriff aufgrund deiner Erkenntnisse aus M2.

**3** Stelle Vermutungen an, was Galilei mit seinen Werkzeugen (M1) erforscht haben könnte.

# Himmelsbeobachtungen verändern das Weltbild

## Das neue Denken – ein Angriff auf die Kirche?

Für uns scheint es heute selbstverständlich, dass wir Naturerscheinungen mit wissenschaftlichen Gesetzen erklären, die immer wieder überprüft und weiterentwickelt werden. Für die Menschen der Renaissance aber war es eine neue Erkenntnis, dass allein die eigenständige Beobachtung und Vernunft und nicht die kirchliche Obrigkeit ihr Handeln und Forschen bestimmen sollten. Der Astronom Nikolaus Kopernikus (1473 bis 1543) veröffentlichte kurz vor seinem Tod das Buch „Über die Kreisbewegung der Körper". Darin behauptete er, dass alle Planeten, also auch die Erde, die Sonne umkreisten. Deshalb spricht man von einem heliozentrischen Weltbild (griech. helios = Sonne). Ein halbes Jahrhundert später bestätigte der italienische Mathematiker und Physiker Galileo Galilei aufgrund eigener Arbeiten die Aussagen von Kopernikus. Galilei benutzte für seine astronomischen Forschungen ein extrem starkes Fernrohr, das er selbst entwickelt hatte. Er hatte dazu die Erfindung eines niederländischen Linsenmachers genutzt.

## Die Argumentation der römischen Kirche

Die Kirche wertete Forschungen von Naturwissenschaftlern wie Kopernikus und Galilei als Angriff auf das geozentrische Weltbild der Bibel, nach deren Aussage sich die Erde im Mittelpunkt des Universums befindet (griech. ge = Erde). Vertreter der vatikanischen Glaubensbehörde argumentierten so, dass man mit der neuen Auffassung alle Philosophen und Theologen reize und dem Glauben schade, indem die Heilige Schrift als unwahr hingestellt werde. Selbst wenn ein tatsächlicher Beweis für die Sonne als Mittelpunkt der Welt vorliege, solle man bei den Bibelstellen, die das Gegenteil sagen, nicht behaupten, dass sie falsch seien, sondern dass wir sie nicht verständen. Die Bibel könne nicht lügen, wenn man ihren wahren Sinn erfasst habe.

M1

## Neue Messinstrumente

**In der Antike und im Mittelalter fuhren die Schiffe meist in Küstennähe. Die Entdeckungsreisen der frühen Neuzeit waren nur mit der Hilfe neuer Messinstrumente möglich:**

**1 A** Mit einem Nocturnum (Nachtweiser) wurde in der Nacht die Ortszeit geschätzt. Der Polarstern wurde durch die Öffnung in der Mitte des Nocturnums angepeilt und der lange Zeiger des Instruments auf den umlaufenden Stern gerichtet. Die Zeit wurde auf der gezackten Stundenscheibe abgelesen.

**1 B** Der Seemann hielt ein Ende des Jakobsstabes an sein Auge und richtete das andere auf die Sonne oder einen Stern. Dann setzte er auf den Stab ein Querstück. Aus dem Winkel zwischen Stern und Horizontlinie errechnete er die Position des Schiffes.

**1 C** Der Quadrant (Höhenmesser) bestand aus einem aus Holz oder Messing ausgeschnittenen Viertelkreis. Eine Person peilte durch die Visierlöcher die Sonne oder einen Stern an, während eine zweite den vom Lot angezeigten Höhenwinkel ablas.

**1 D** Das Astrolabium wurde mit einer Kordel senkrecht zur Meeresfläche aufgehängt; dann peilte man durch zwei kleine Löcher in den Platten des verstellbaren Ableseschiebers einen Stern an. Die Höhe des Sterns wurde von der Gradeinteilung am Rand abgelesen.

Nach Richard Humble, Die Entdecker, übers. von B. Sauerwein-Reznicek, 4. Aufl., Amsterdam (Time-Life Books) 1987, S. 94 f.

M2

**Positionsbestimmung auf See,** Kupferstich, 1533. Das Titelblatt des „Instrumentbuchs" von Peter Apian zeigt mehrere Verfahren, mit deren Hilfe Seefahrer prüften, ob ihr Schiff noch auf dem geplanten Kurs war.

M3

## Ein neues Weltbild für „einfache Leute“?

**Der deutsche Dramatiker Bertolt Brecht (1898 bis 1956) verfasste 1938 das Schauspiel „Leben des Galilei“. Darin äußert ein Mönch gegenüber Galilei:**

Ich bin als Sohn von Bauern ... aufgewachsen. Es sind einfache Leute. Sie wissen alles über den Ölbaum, aber sonst recht wenig ... Sie schöpfen die Kraft, ihre Körbe schweißtriefend den steinigen Pfad hinaufzuschleppen, Kinder zu gebären, ja zu essen aus dem Gefühl der Stetigkeit und Notwendigkeit, das der Anblick des Bodens, der jedes Jahr von neuem grünenden Bäume, der kleinen Kirche und das Anhören der sonntäglichen Bibeltexte ihnen verleihen können. Es ist ihnen versichert worden, dass das Auge der Gottheit auf ihnen liegt ..., dass das ganze Welttheater um sie aufgebaut ist, damit sie ... sich bewähren können. Was würden meine Leute sagen, wenn sie von mir erführen, dass sie sich auf einem kleinen Steinklumpen befinden, der sich unaufhörlich drehend im leeren Raum um ein anderes Gestirn bewegt? ... Wozu ist die Heilige Schrift noch gut, die alles erklärt und als notwendig begründet hat, den Schweiß, die Geduld, den Hunger, die Unterwerfung, und die jetzt voll von Irrtümern befunden wird?

Bertolt Brecht, Leben des Galilei, 56. Aufl., Frankfurt a. M. (Suhrkamp) 1998, S. 63.

M4

**Zwei Weltbilder,** Kupferstich, 1700. Das Titelbild von Galileis Schrift „Dialog über die zwei Weltsysteme“ zeigt in der Mitte den Astronomen Ptolemäus (um 100 bis 160 n. Chr.) mit einem Modell des geozentrischen Weltbildes, rechts Nikolaus Kopernikus mit einem Modell des heliozentrischen Weltbildes. Sitzend: der antike Philosoph Aristoteles.

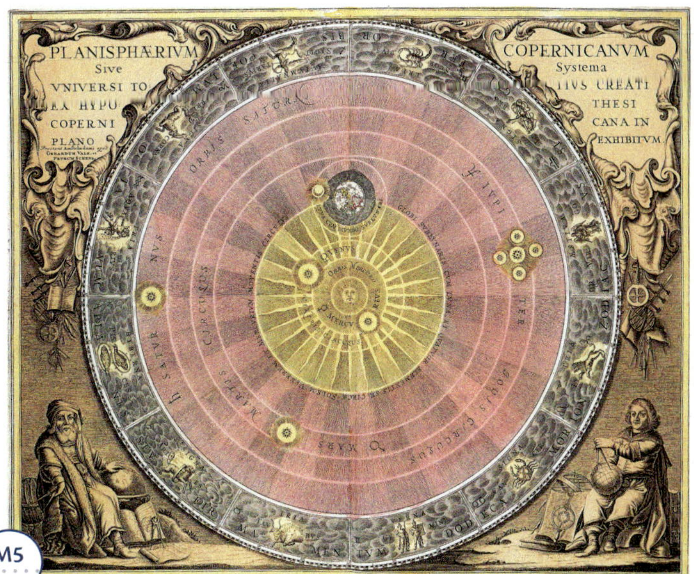


M5

**Weltgebäude nach der Vorstellung von Nikolaus Kopernikus,** Buchmalerei aus der „Harmonica Macrocosmica“ des Andreas Cellarius, 1660

**1** In M1 werden vier Messgeräte vorgestellt, von denen drei in M2 abgebildet sind.
a) Finde heraus, zu welchem Instrument welche Erläuterung passt.
b) Suche in Lexika oder in diesem Buch eine Abbildung des vierten Messgerätes.

**2** Verfasse zu M3 einen Antwortbrief, den Galilei dem Mönch geschrieben haben könnte.

**3** Vergleiche das in M5 dargestellte Weltbild mit dem mittelalterlichen Weltbild. Lies auf den Seiten 6 bis 14 nach.

**4** a) Erstelle im Heft eine Skizze zum Bildaufbau von M4 und beschrifte die einzelnen Elemente.
b) Formuliere eine mögliche Aussage, die der Künstler mit diesem Bild machen wollte.

**5** Beantworte die Frage in der Überschrift des Darstellungstextes. Nimm zur Argumentation der römischen Kirche begründet Stellung.

# Christoph Kolumbus – eine Fahrt nach Westen

## Die schnellste Route nach Asien?

Als Christoph Kolumbus am 3. August 1492 Kurs nach Westen nahm, hoffte er für das spanische Königspaar Isabella von Kastilien und Ferdinand von Aragon eine neue Route nach Indien zu finden. Denn die alten Wege waren durch die Ausdehnung des Osmanischen Reiches versperrt, und die Seewege um Afrika hatte Spanien 1479 Portugal zugesprochen. Als am 12. Oktober 1492 Land in Sicht kam, hatte Kolumbus jedoch nicht Indien erreicht, sondern eine der Bahama-Inseln, die in der Sprache ihrer Bewohner Guanahaní hieß. Kolumbus nannte sie zu Ehren Gottes San Salvador („Heiliger Erlöser“). Er ließ die spanische Fahne hissen und nahm das Land im Namen der spanischen Könige in Besitz. Die von ihm als „Indianer“ bezeichneten Einheimischen waren ab sofort spanische Untertanen. Doch der aus Florenz stammende Seefahrer Amerigo Vespucci äußerte bald die Vermutung, dass es sich bei dem entdeckten Land nicht um Asien handeln konnte. Als der Spanier Vasco Núñez de Balboa 1513 über eine Landenge von Mittelamerika den Pazifik erreichte, wussten die Europäer es sicher: Kolumbus hatte einen unbekannten Kontinent entdeckt, der zu Ehren von Amerigo Vespucci „Amerika“ genannt wurde.

M2

### Brief des Toscanelli an Kolumbus

Der Gelehrte Paolo Toscanelli schrieb an Christoph Kolumbus (um 1480):

Unzweifelhaft ist die Reise ehrenvoll und vermag unberechenbaren Gewinn und höchsten Ruhm in der ganzen Christenheit zu bringen … Eine derartige Reise führt zu mächtigen Königreichen, berühmten Städten und Provinzen, die alles im Überfluss besitzen, was wir benötigen, auch alle Arten von Gewürzen in reicher Fülle sowie Edelsteine in großer Menge aufweisen. Die Fürsten und Könige, zu denen man gelangt, dürften noch erfreuter als wir sein, dass sie mit Christen unsrer Länder in Verbindung kommen, da viele von ihnen Christen sind, und auch weil sie mit gelehrten, geistvollen Männern von hier über die Religion und Wissenschaft sich werden unterhalten können.

Zit. nach Eberhard Schmitt (Hg.), Dokumente zur Geschichte der europäischen Expansion, Bd. 2, Die großen Entdeckungen, München (C. H. Beck) 1984, S. 99.

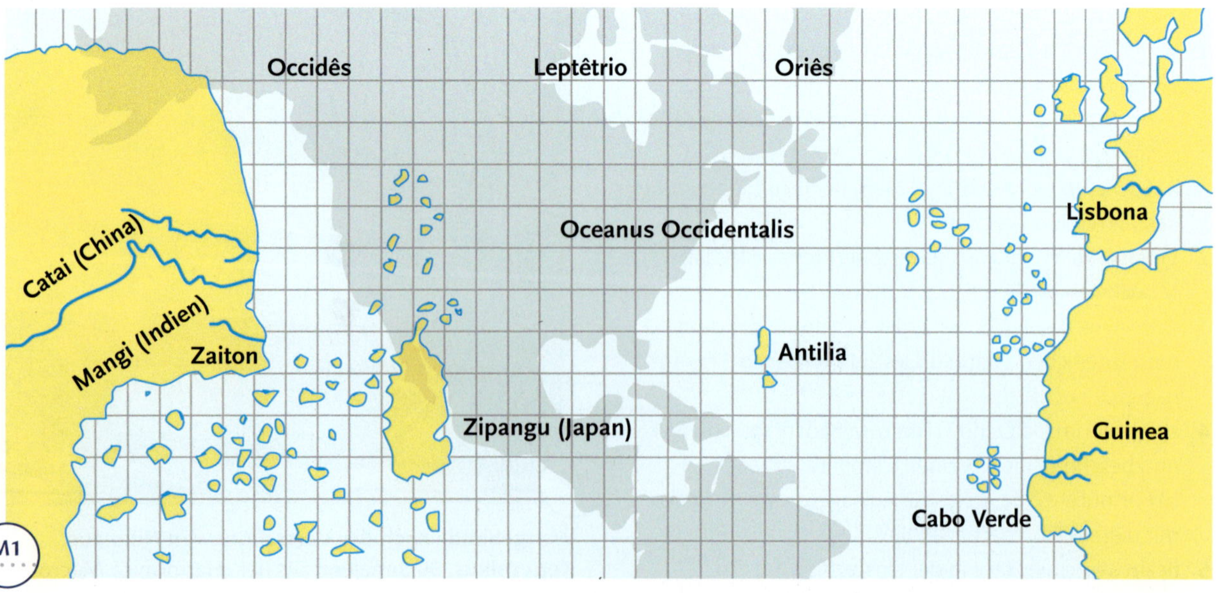


M1

**Rekonstruktionszeichnung der Weltkarte von Toscanelli,** um 1470. Die Umrisse Amerikas (grau) wurden nachträglich eingezeichnet.

M3

## Die Begegnung der Einheimischen mit den Seeleuten

**Von der Landung der Spanier auf Guanahani 1492 wissen wir nur aus dem Bordtagebuch des Kolumbus, mit dem er seine Auftraggeber über die Expedition informieren sollte. Der Portugiese Pero Vaz de Caminha berichtete 1500 als königlicher Chronist über seine Ankunft in Brasilien.**

**3 A Kolumbus (1492):** Sie nahmen einfach alles und gaben bereitwillig von allem, was sie besaßen. Aber mir schien es, als seien sie in jeder Hinsicht außerordentlich arme Leute. Sie gehen allesamt nackt herum … Ich sah keinen, der älter als dreißig Jahr gewesen wäre: Sie waren sehr gut gebaut, von sehr schöner Gestalt und sehr angenehmen Gesichtszügen; ihre Haare waren fast so dick wie die von Pferdeschwänzen und recht kurz. Sie tragen sie vorn bis zu den Augenbrauen, hinten lassen sie einige Strähnen länger wachsen, die sie niemals abschneiden … Sie tragen keine Waffen und kennen sie auch nicht, denn ich zeigte ihnen Schwerter und sie fassten sie an der Schneide und schnitten sich aus Unwissenheit … Sie sind sicher hervorragende Arbeitskräfte; sie haben einen aufgeweckten Verstand, denn ich sehe, dass sie sehr schnell alles nachsagen können, was man ihnen vorspricht. Außerdem glaube ich, dass man sie leicht zum Christentum bekehren könnte, denn es scheint mir, dass sie noch keine Religion haben.

**3 B Vaz de Caminha (1500):** Der Kapitän saß, als sie kamen, auf einem Stuhl … Aber sie machten keine Ehrerbietungen, sie sprachen weder zum Kapitän noch zu jemand anderem. Einer warf jedoch den Blick auf die Kette des Kapitäns und begann, mit der Hand zum Land zu weisen und dann zur Kette, als wollte er sagen, dass es dort Gold gäbe. Er blickte auch zu einem silbernen Leuchter und zeigte gleichermaßen zum Land und zum Leuchter, als ob es dort auch Silber gäbe. Man zeigte ihnen einen grauen Papagei, den der Kapitän mit sich führte; sie nahmen ihn gleich in die Hand und winkten zum Land … Man zeigte ihnen ein Schaf; sie kümmerten sich nicht darum. Man zeigte ihnen ein Huhn; sie hatten fast Angst davor: Sie wollten es nicht anfassen; später nahmen sie es und wirkten sehr erschreckt.

M3 A zit. nach Eberhard Schmitt (Hg.), Dokumente zur Geschichte der europäischen Expansion, Bd. 2, Die großen Entdeckungen, München (C. H. Beck) 1984, S. 113 f.
M3 B zit. nach Emir Rodriguez Mondegal (Hg.), Die Neue Welt, Frankfurt a. M. (Suhrkamp) 1982, S. 78 f.

M4

**Die Landung des Kolumbus 1492,** kolorierter Kupferstich von Theodor de Bry, 1594. Die Spanier nehmen die Insel Guanahaní in Besitz.

**Begriffe und Daten**

### Entdeckungen

Die Entdeckungen 1492 und 1513 lockten nicht nur viele Europäer in die „Neue Welt", sondern sie führten auch zu politischen Spannungen zwischen Spanien und Portugal. Im Vertrag von Tordesillas (1494) wurde zwischen den beiden Mächten vereinbart und vom Papst bestätigt, die „Neue Welt" in einen spanischen und einen portugiesischen Einflussbereich zu teilen. Die Trennlinie verlief – von Pol zu Pol 370 Meilen westwärts von den Kapverdischen Inseln (siehe Karte S. 50).

1 Schreibe eine Erzählung zu dem Ereignis, das der Kupferstecher in M4 darstellte. Lässt sich eine bestimmte Einstellung des Künstlers erkennen? Ziehe den Darstellungstext heran.
2 Untersuche, welche Erwartungen durch M1 geweckt werden.
3 Stelle einen Zusammenhang zwischen M1 und den von Toscanelli geäußerten Erwartungen in M2 her.
4 Notiere nach M3A und M3B, was über die Begegnung mit Einheimischen in Amerika jeweils überliefert wurde. Berichte.

# Die Völker des altamerikanischen Kontinents

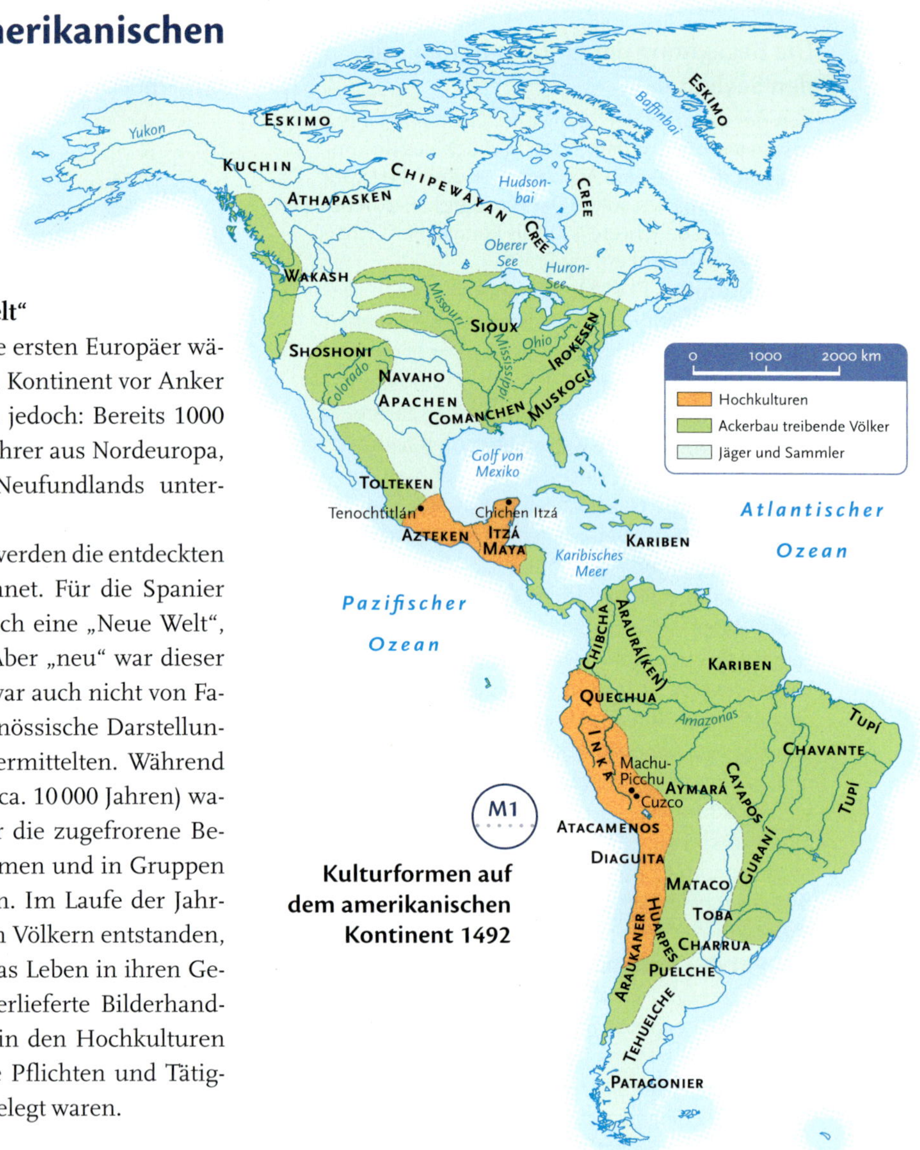


M1 **Kulturformen auf dem amerikanischen Kontinent 1492**

### Alte Kulturen in der „Neuen Welt"

Die Spanier glaubten, dass sie die ersten Europäer wären, die auf dem amerikanischen Kontinent vor Anker gingen. Ausgrabungen beweisen jedoch: Bereits 1000 n. Chr. haben die Wikinger, Seefahrer aus Nordeuropa, Handelsfahrten an die Küste Neufundlands unternommen.

Auf Karten des 16. Jahrhunderts werden die entdeckten Gebiete als „Neue Welt" bezeichnet. Für die Spanier und Portugiesen war es tatsächlich eine „Neue Welt", die sie betraten und eroberten. Aber „neu" war dieser Erdteil natürlich nicht – und er war auch nicht von Fabelwesen bewohnt, wie es zeitgenössische Darstellungen den Menschen in Europa vermittelten. Während und nach der letzten Eiszeit (vor ca. 10 000 Jahren) waren Einwanderer aus Asien über die zugefrorene Beringstraße nach Amerika gekommen und in Gruppen von Norden nach Süden gezogen. Im Laufe der Jahrtausende war so eine Vielzahl von Völkern entstanden, die auf unterschiedliche Weise das Leben in ihren Gemeinschaften organisierten. Überlieferte Bilderhandschriften lassen erkennen, dass in den Hochkulturen der Maya, Azteken und Inka die Pflichten und Tätigkeiten des Einzelnen genau festgelegt waren.

M2 **Tenochtitlán,** Wandgemälde (Ausschnitt) des mexikanischen Künstlers Diego Rivera, 1945. Rivera hat die Stadt so gemalt, wie sie zu Beginn des 16. Jh. ausgesehen haben könnte. Sie war damals mit ca. 300 000 Einwohnern die größte Stadt des amerikanischen Kontinents. Als Vorlage für sein Bild dienten Rivera zeitgenössische spanische Berichte.

### Die Lebenswelt der Azteken

Zur Zeit der spanischen Eroberung hatten auf dem Gebiet des heutigen Mexiko die Azteken die größte Macht. Den Kern des Reiches bildete ein Dreistädtebund um die Hauptstadt Tenochtitlán. Um den Städtebund gruppierten sich zahlreiche Provinzen, die genau berechnete Tribute entrichten mussten: Gold, Waren und Menschen – zur Verstärkung der Truppen und als Opfer für den Sonnen- und Kriegsgott Huitzilopochtli. Um ihre militärischen Erfolge zu sichern, glaubten die Azteken, Huitzilopochtli milde stimmen zu müssen. Deshalb opferten sie in ihren pyramidenförmigen Tempeln unzählige Menschen, deren Herz und Blut dem Gott neue Kraft geben sollten. Die meisten der Getöteten waren Kriegsgefangene.

Die Grundlage der aztekischen Wirtschaft war der Feldanbau. Bohnen, Mais und Kürbis waren wichtige Anbauprodukte. Daneben war der Handel besonders bedeutend. Die Handwerker arbeiteten in Berufen, die Schulung und Fachkenntnis voraussetzten. Technische Geräte waren aus Holz oder Stein gefertigt, jedoch war Eisen ebenso unbekannt wie das Rad.

### Die Lebenswelt der Inka

Das Reich der Inka erstreckte sich zu Beginn des 16. Jahrhunderts an der Westküste des südlichen Teils des Kontinents entlang. Die Bewohner des Inkareiches gehörten verschiedenen Volksgruppen an, die alle ihre eigene Sprache, Religion und Lebensweise hatten. Dies machte es nach Ansicht der Inka notwendig, das Reich straff zu organisieren. Sie bauten eine staatliche Verwaltung auf, die in ihrer Zeit einzigartig war. Durch ein dichtes Netz gepflasterter Straßen und Wege sorgten sie dafür, dass Nachrichten, Waren und Armeen in kürzester Zeit von einem Ort zum anderen gelangten. Entlang der Straßen standen Raststätten. Boten transportierten Befehle, Berichte, Abrechnungen und Bedarfslisten als verschlüsselte Botschaften in Form von Knotenschnüren („Quipu“).

Die Verwaltung des Inkareiches war mit einer gelenkten Wirtschaftsform verbunden: Jede Arbeit war zentral organisiert. Alle Steuerzahler mussten beim Bau von Tempeln, Festungen und Städten helfen, in der Armee dienen, auf den Feldern und in den Bergbauminen des Herrschers arbeiten. Die Landwirtschaft unterstand ebenfalls staatlicher Kontrolle. Auch die Inka kannten weder das Rad noch Eisen.

M3

### Der Markt von Tenochtitlán

Der spanische Hauptmann Bernal Díaz kam 1519 nach Tenochtitlán. Über den Markt der Stadt schrieb er:

Dort fanden wir eine unerwartet große Menge Menschen, zahlreiche Verkaufsstände und eine ausgezeichnete Ordnungspolizei … Jede Warengattung hatte ihre Plätze. Da gab es Gold- und Silberarbeiten, Juwelen, Stoffe aller Art, Federn, Baumwolle und Sklaven … Dann kamen die Stände mit einfacheren Waren, mit grobem Zeug, mit Zwirn und Kakao zum Beispiel. Ganz Neu-Spanien bot hier seine Erzeugnisse an … Da gab es Sisalstoffe, Seile und Strickschuhe … Es gab rohe und gegerbte Häute von Tigern, Löwen, Schakalen … In den Ständen der Töpfer fanden wir von großen irdenen Gefäßen bis zum kleinsten Nachttopf alles. Wir gingen an den Verkäufern von Honig, Honigkuchen und anderen Leckereien vorbei, an Möbel-, Holz- und Kohlehändlern … Ich [habe] das Papier, die Röhren mit dem flüssigen Eukalyptusöl und mit dem Tabak, die wohlriechenden Salben und die Hallen mit Heilkräutern gesehen … Es gab übrigens auch eine Art Marktgericht mit … drei Richtern und mehreren Gehilfen, die für die Warenschau verantwortlich waren.

Zit. nach Eberhard Schmitt (Hg.), Die großen Entdeckungen, Bd. 2, München (C. H. Beck) 1984, S. 328.

**Lesetipp**

**John Tully, Das gläserne Messer,** Weinheim (Beltz & Gelberg) 2004.

Tio ist auserwählt, um den Göttern geopfert zu werden. Die Geschichte führt ins Südamerika vor der Ankunft der Europäer.

**1** Erkläre mithilfe von M1 den Zusammenhang zwischen der Lebensweise altamerikanischer Völker und den Bedingungen von Klima, Pflanzenwelt und Landschaft. Nimm gegebenenfalls einen Atlas zu Hilfe.

**2** Vergleiche die Lebenswelt der Inka und der Azteken.

**3** Verfasse anhand der Befunde, die du M2 und M3 entnehmen kannst, eine Reportage über die Stadt Tenochtitlán in der Zeit um 1500.

**4** Prüfe die Behauptung, die Azteken- und Inka-Reiche seien „Hochkulturen“ gewesen.

**5** Beurteile anhand von M1 die im Darstellungstext genannte These von der „Neuen Welt“.

# Die Ankunft der „weißen Götter"

## Konquistadoren – Freunde oder Feinde?

Sie wurden Konquistadoren, d.h. Eroberer (spanisch: Conquista = Eroberung), genannt und standen unter der Führung des spanischen Kommandanten Hernán Cortés. 1519 landete seine Flotte in Mexiko, dem Land der Azteken – mit dem Auftrag, das Gebiet zu erkunden und Handel zu treiben. Aber er hatte noch andere Motive: Er wollte das Reich der Azteken mit seinen unermesslichen Goldschätzen erobern.

Die Azteken, deren Herrschaft seit Jahrzehnten Angst und Schrecken unter den Völkern des mexikanischen Hochlandes verbreitete, zeigten sich bei dem Einmarsch der Fremden merkwürdig unentschlossen. Als Cortés' Truppen Tenochtitlán erreichten, empfing der aztekische Herrscher Moctezuma sie mit großen Ehren. Denn für ihn und sein Volk schien nun eine Voraussage in Erfüllung zu gehen: Die Götter, die nach alter aztekischer Überlieferung vor langer Zeit im Osten verschwunden waren, kehrten zurück. Tatsächlich hatten die spanischen Ankömmlinge Ähnlichkeit mit dem Bild, das sich die Azteken von ihrem Gott Quetzalcóatl machten: Er hatte weiße Haut und trug einen Bart. Die Spanier erreichten Tenochtitlán genau zu dem Zeitpunkt, an dem nach aztekischem Kalender mit der Rückkehr der Götter zu rechnen war.

Doch als die Spanier begannen, Tempel zu plündern, Götterbilder umzustürzen und dabei viele Azteken umbrachten, schlug die Stimmung unter den Einwohnern um. Wenige Tage nach seiner Ankunft ließ Cortés Moctezuma in dessen Palast als Geisel nehmen. Aber auch die aztekische Bevölkerung wandte sich gegen Moctezuma: Sie warf ihm Verrat an seinem eigenen Volk vor. Bei einem Angriff der Azteken gegen die Spanier kam er wenige Tage später ums Leben.

Je länger die spanische Besetzung Tenochtitláns dauerte, desto größer wurden die Spannungen zwischen den Einwohnern und den spanischen Besatzern. Im Juni 1520 gelang es den Azteken, die Spanier für einige Monate zu vertreiben. Cortés verstärkte sein Heer durch Soldaten aus nahen spanischen Kolonien und durch Hilfstruppen der verbündeten Stämme. Fast drei Monate lang belagerte er Tenochtitlán. Dann ergaben sich die Azteken – geschwächt durch Krankheiten, die die Spanier eingeschleppt hatten, ausgehungert und verzweifelt. Tausende Männer, Frauen und Kinder wurden getötet. Die Spanier machten die Stadt dem Erdboden gleich und bauten an gleicher Stelle Mexiko, die Hauptstadt von Neu-Spanien.

M1 **Cortez mit seinem Gefolge auf dem Wege zu Moctezuma,** Bilderhandschrift, 16. Jh.

## M2 Quetzalcóatls Traum – ein Gedicht

**Die 1948 in Nikaragua geborene Schriftstellerin Gioconda Belli beschäftigt sich in vielen ihrer Texte mit der Eroberung Lateinamerikas durch die Europäer. In einem Gedicht fragt sie nach den Folgen der Conquista für die Gegenwart:**

Wer sind wir?
Wer sind diese Männer, diese Frauen ohne Sprache,
verspottet aufgrund ihrer Farbe,
ihrer Haut, ihrer Federn und ihres Schmuckes wegen?
Damit wir nur ihre Schriften lasen,
verbrannten sie die unseren auf hohen Scheiter-
haufen.
Unsere Geschichte, unsere Dichtung,
die Annalen unserer Völker,
sie füllten mit Rauch uns die Höhlen der Augen,
sie füllten mit Tränen unsere Eingeweide.
Es brannten die Amátes[1], sorgsam von Schreibern
bemalt.
Es brannten die Geschichten, die uns zu dem ge-
macht,
was wir waren.
Wie heulten die Alten auf den Plätzen,
als sie brennen sahen die Namen ihrer Väter im Feuer.
O lange Nacht, Noche Triste[2] der Asche.
Nacht, in der wir unsere Hände verloren,
unsere Sprache und unser Gedächtnis
verwandelt in Sklaven, nachtwandelnde Schatten.

Gioconda Belli, Wenn du mich lieben willst, Wuppertal (Peter Hammer Verlag) 1993, S. 13.

[1] Inka oder Maya schrieben ihre Geschichte, aber auch wissenschaftliche Erkenntnisse in Form von Bildern auf mit Kalk bestrichene Baumrinde oder auf Hirschleder. Ein großer Teil dieser Handschriften (Amátes) wurde auf Anordnung des spanischen Bischofs Diego de Landa verbrannt.

[2] Traurige Nacht

M3

**Moctezuma und Cortés bei ihrer ersten Begegnung,** mexikanische Darstellung auf einem Baumwolltuch, 1590

## M4 Der Empfang der Spanier in Tenochtitlán

**Der Geschichtsschreiber am spanischen Königshof, Peter Martyr von Anghiera, berichtete 1520 vom ersten Zusammentreffen Moctezumas mit Cortés:**

[Moctezuma sprach:] „Alle Reiche, die wir besitzen, gehören euch. Wer immer du auch sein magst, der du als Führer hierhergeschickt worden bist, du sollst als Fürst über alle Reiche gebieten, die bislang mir untertan waren … Meine Schatzhäuser bergen goldenen Schmuck. Der gehört dir …" Als er geendet hatte, tröstete Cortés ihn und machte ihm Hoffnung auf einen guten Ausgang.
Hiernach verließ Moctezuma mit ziemlich heiterem Antlitz den Palast … Ob man gewaltsam aufgedrängte Gäste gern aufnimmt, dazu mögen die etwas sagen, die darin Erfahrung haben … Unter Tränen … hatten sie [die Fürsten des Reiches] den Vorgang hingenommen.

Zit. nach Eberhard Schmitt (Hg.), Dokumente zur Geschichte der europäischen Expansion, Bd. 2, München (C. H. Beck) 1984, S. 326 f.

**1** Beschreibe die Abbildung M1. Schildere, welche Eindrücke die abgebildeten Personen bei dir erwecken.

**2** Vergleiche M4 auf S. 55 mit M1.

**3** Beschreibe M3. Finde mithilfe des Darstellungstextes S. 58 heraus, was oben gezeigt wird.

**4** Erkläre das Verhalten Moctezumas (M4). Beachte den Urheber (Autor) des Textes.

**5** Erläutere anhand des Darstellungstextes Einstellung und Verhalten der spanischen Eroberer sowie die Erwartungen der Azteken.

**6** Erörtert gemeinsam die Aussage des Gedichts M2. Welche Folgen hatte die Conquista nach Ansicht der Dichterin?

# Die Kolonialherrschaft: Im Auftrag von Krone und Kreuz

### Aus Eroberern werden Grundbesitzer

Wirtschaftlicher Gewinn war von Anfang an das Hauptziel der spanischen Eroberungen. Das sagenhafte Goldland („Eldorado"), von dem viele Spanier geträumt hatten, wurde zwar nicht gefunden, aber die Gewinne aus dem Metallbergbau füllten mit beträchtlichen Summen die Staatskasse. Allein die Bergwerke von Potosí und Guanajuato (im heutigen Mexiko) lieferten innerhalb eines halben Jahrhunderts mehr Silber als gleichzeitig alle Bergwerke der „Alten Welt" zusammen.

Die meisten Siedler, die nun jedes Jahr in der „Neuen Welt" eintrafen, erhofften sich schnellen Reichtum zu günstigen Bedingungen. Nachdem die Spanier Ländereien in Besitz genommen hatten, planten sie ihre Herrschaft so, wie sie es aus den ländlichen Gebieten Europas kannten: als System von Grundbesitz und Abgaben. Der Grundbesitzer (Encomendero) übernahm den Schutz eines oder mehrerer Dörfer. Dafür mussten sich die Einwohner als Arbeitskräfte zur Verfügung stellen. In Peru gab es die Curacas, Stammeshäuptlinge, die kurz vor der spanischen Eroberung von den Inka unterworfen worden waren. Sie arbeiteten als Aufseher für die Encomenderos und vermittelten ihren Herren Einheimische als Arbeiter. Die meisten Encomenderos zwangen die Einheimischen ohne Lohn zu arbeiten. Sie handelten dabei in dem Selbstverständnis, als Christen den heidnischen Ureinwohnern überlegen zu sein. Viele weigerten sich sogar, die Indianer als Menschen anzuerkennen.

M1

### Die Einführung des Encomienda-Systems

**Die folgende Bestimmung erließ die spanische Königin Isabella 1503 nach Beschwerden darüber, dass die Eingeborenen der Insel Hispaniola die Arbeit und den Kontakt mit den Spaniern scheuten:**

Weil Wir wünschen, dass die genannten Indianer sich zu Unserem heiligen katholischen Glauben bekehren und darin unterrichtet werden, dies sich aber besser tun lässt, wenn die Indianer mit auf der Insel wohnenden Christen in Berührung kommen …, beide einander helfen und so die Insel kultiviert, bevölkert und ertragreich gemacht wird, auch Gold und Metalle gefördert werden und Meine Königreiche und deren Bewohner daraus Nutzen ziehen, so … befehle [Ich] hiermit Euch, Unserem Gouverneur, dass Ihr … jedem Kaziken (Häuptling) auferlegt, eine bestimmte Anzahl Indianer bereitzuhalten, um sie jeweils da, wo es nötig ist, zur Arbeit einsetzen zu können, und damit sie sich … zusammenfinden, um an den dafür bestimmten Orten über die Dinge des Glaubens zu hören und darin unterrichtet zu werden, dass jeder Kazike die von Euch vorgeschriebene Zahl von Indianern beibringt und an die von Euch benannten Personen zur Arbeit überlässt, gemäß näherer Anweisung dieser Personen und gegen einen von Euch festzusetzenden Tagelohn. Die genannten Verpflichtungen sollen sie als freie Personen leisten, die sie ja sind, nicht als Sklaven.

Urs Bitterli (Hg.), Die Entdeckung und Eroberung der Welt, Bd. 1, München (C. H. Beck) 1980, S. 76 f.

M2

**Im Innern des Silberbergs von Potosí,** Kupferstich von Theodor de Bry, 1601. Mehr als 200 Jahre lang versorgte der Silberberg von Potosí Europa mit riesigen Silbermengen. 1545 war hier, auf 4000 m Höhe, Silber entdeckt worden. Die Spanier ließen eine Stadt errichten, in der zeitweise mehr als 150 000 Menschen lebten. Innerhalb weniger Jahrzehnte starben Millionen Menschen im Bergbau.

M3

## Die „Indianerfrage"

**In den spanischen Regierungskreisen gingen die Meinungen in der Frage des Umgangs mit der eingeborenen Bevölkerung auseinander. Zu den Anführern der Auseinandersetzung im 16. Jahrhundert gehörten der Theologe und Jurist Juan Ginés de Sepúlveda und der Bischof von Chiapas (Mexiko), Bartolomé de Las Casas.**

**3A Sepúlveda (1544):** So behaupte ich, dass diese Barbaren nicht nur eingeladen, sondern auch zum Guten genötigt werden sollen, d. h. zur Gerechtigkeit und zur Religion, vor allem, wenn das Unternehmen mit so geringem Aufwand und so geringen Verlusten auf beiden Seiten bewerkstelligt werden kann und diese Barbaren unterworfen werden können ... [Ich] behaupte, dass die Barbaren nicht nur beherrscht werden müssen, damit sie den Predigern zuhören, sondern auch, damit sich zu Lehre und Ratschlägen die Drohungen gesellen und ihnen Schrecken eingejagt werde, was der heilige Augustinus bestätigt.

**3B Las Casas (1551):** Ich bestehe darauf, dass die Spanier sich der Ausübung solcher Exzesse[1] gegen andere Völker, wenn diese auch barbarische Götzendiener und von allen Lastern befallen sein mögen, enthalten ... Denn es gibt keinen Unterschied mehr zwischen Mann und Frau, „Griechen und Juden, Beschnittenem und Unbeschnittenem, Barbaren und Skythen, Sklaven und Freiem, weil Christus in allem ist" (Kol 3,11)[2] ... Da nun die Natur der Menschen in allen dieselbe ist und alle von Christus gerufen sind in derselben Weise und auch nicht auf verschiedene Weise berufen werden wollen, darf man die Indios nicht auf andere Weise zum Eintritt in die Kirche einladen als alle anderen Menschen auch.

Zit. nach Mariano Delgado (Hg.), Gott in Lateinamerika, Düsseldorf (Patmos) 1991, S. 104 ff. Übers. v. Bruno Pockrandt.

[1] Maßlosigkeiten

[2] Bibelzitat aus dem Brief an die Kolosser des Apostels Paulus

M4

**Die Behandlung der Indios,** kolorierter Kupferstich von Theodor de Bry, 1594. Der Künstler notierte in der Bildunterschrift: „Der Oberst der Kriegsleute ... hat vier Tausend gefangene leibeigene Indianer mit sich gebracht, wo nicht ihrer zu viel durch Müdigkeit, Mangel an Nahrung und Bekümmernis großen Herzeleids auf dem Wege verschmachtet und gestorben, zum Teil von den Spaniern erstochen und umgebracht wären, als sie dem Haufen ... nicht geschwind nachfolgen konnten."

**1** Ziehe aus M2 Rückschlüsse auf die Arbeitsbedingungen der Einheimischen. Beziehe die Bildunterschrift mit ein.

**2** Gib in eigenen Worten wieder, was die Königin in M1 anordnet und wie sie dies begründet.

**3** Vergleiche das Gesetz (M1) mit der im Darstellungstext beschriebenen Praxis.

a) Mit welchen Maßnahmen verstießen die Siedler gegen das Gesetz?

b) Nenne mögliche Gründe, warum die spanischen Siedler so handeln konnten.

**4** Erschließe M3. Lies zu Las Casas den rechten Darstellungstext auf S. 62.

**5** Beschreibe M4 und erarbeite, was der Künstler mit Bild und Text aussagen wollte.

**6** **Szenisches Spiel:**

a) Formuliert einen Dialog zwischen zwei Encomenderos: Einer stimmt Sepúlveda (M3A) zu, der andere Las Casas (M3B).

b) Tragt den Dialog szenisch vor und bewertet die Argumentation (siehe Methode „Rollenspiel", S. 94).

# Folgen der Eroberung

## Die Lage der einheimischen Bevölkerung

Die harte Arbeit auf den Feldern und in den Bergwerken überforderte die Indios, die durch Krankheiten wie Masern, Pocken und Grippe geschwächt waren. So starben 1545 allein in der Umgebung Mexikos 400 000 Indios an den Pocken. Nach neuen Schätzungen lebten im Aztekenreich vor dem Einmarsch der Spanier ca. 25 Millionen Ureinwohner, 1568 waren es nicht mehr als drei Millionen. Ähnlich verhielt es sich in den anderen eroberten Gebieten. Der Dominikaner Bartolomé de Las Casas (1474 – 1566) – zunächst selbst ein Encomendero – richtete von 1514 an sein ganzes Wirken darauf, die Indios zu schützen und für ihre Rechte zu kämpfen. Auch Kaiser Karl V. verbot 1542, dass Indios zu Sklaven gemacht oder als solche gehalten würden. Als jedoch die Siedler protestierten, wurden die Bestimmungen zurückgenommen.

## Afrikaner in der „Neuen Welt“

Las Casas’ Bemühen, die Lage der Ureinwohner zu verbessern, war vergebens. Tatsächlich hatte sein Einsatz für die Indianer schreckliche Folgen für die Bewohner des afrikanischen Kontinents: Las Casas behauptete, dass afrikanische Sklaven widerstandsfähiger wären und damit für die Arbeit besser geeignet als Indios. Diese Aussage trug gegen den Willen des Bischofs dazu bei, dass innerhalb der nächsten dreihundert Jahre mehr als 10 Millionen Sklaven von Afrika in die „Neue Welt“ gebracht wurden. Sie mussten nicht nur die Indianer ersetzen, sondern einen zunehmenden Bedarf an Arbeitskräften decken. Dieser ergab sich aus der Einführung der Plantagenwirtschaft: Großgrundbesitzer ließen auf riesigen Flächen Pflanzen anbauen, deren Produkte in Europa großen Gewinn versprachen, z. B. Zucker, Tabak, Kaffee und Kakao.

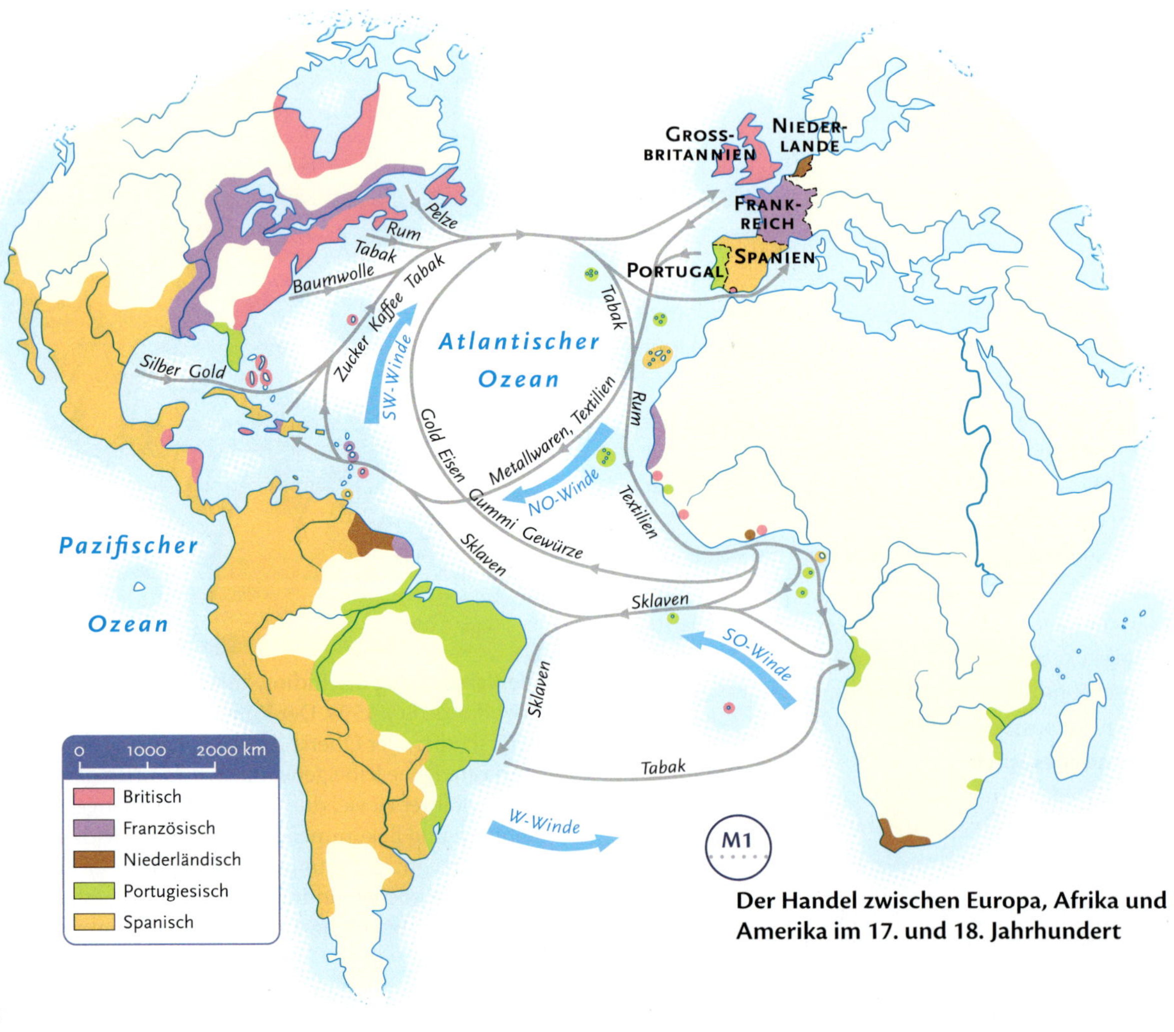


M1

**Der Handel zwischen Europa, Afrika und Amerika im 17. und 18. Jahrhundert**

M2

## Die Kolonialisierung im Urteil heute

Der Historiker Reinhard Wendt (2000):

**2A** Der Aufbau formeller Kolonialherrschaft* wurde immer wieder von Widerstand begleitet. In den Kernzonen war er zwar nicht erfolgreich, doch das Schwarz-Weiß-Bild von den einheimischen Opfern, die der Willkür kolonialer Täter wehrlos ausgeliefert gewesen seien, lässt sich nicht aufrechterhalten. Manche Bevölkerungsgruppen entdeckten durchaus Vorteile in einer Kooperation mit den Europäern. Da die vorkoloniale Zeit keineswegs frei von Gewalt und Unterdrückung war, fanden Spanier und Portugiesen immer wieder Verbündete. Von den ökonomischen Möglichkeiten, die Kontakte mit dem Westen boten, profitierten auch Einheimische. Für manche mag das Christentum plausiblere Antworten auf geistliche Probleme gegeben haben als vorkoloniale Glaubensvorstellungen. Westliches Wissen erwies sich nicht selten auch für einheimische Interessen als nützlich ... Am anderen Ende der Skala ist das Aussterben amerikanischer Völker zu beklagen, die dem Zusammenstoß mit den Europäern nichts entgegenzusetzen hatten.

Reinhard Wendt, Seit 1492. Begegnung der Kulturen. In: Anette Völker-Rasor (Hg.), Frühe Neuzeit, München (Oldenbourg) 2000, S. 81 f.

Die Historikerin Claudia Schnurmann (1998):

**2B** Der amerikanische Einfluss auf Europa erwies sich weniger spektakulär als die Aktionen, die Europäer in Amerika vollzogen hatten: Keine Indianer landeten in Sevilla oder London und suchten die Europäer zum Glauben an ihre Götter und Geister zu bekehren ... Der Einfluss Amerikas auf Europa bediente sich europäischer Vermittlung, konzentrierte sich auf Naturstoffe und brauchte eine Weile, um sich durchzusetzen. Indigene [einheimische] amerikanische Nutzpflanzen wie Tabak, Mais oder Kartoffeln und in Amerika angebaute altweltliche Pflanzen wie Zuckerrohr, nach Europa gelieferte Waren wie Zucker, Reis und Kaffee veränderten Europa für immer. Der Anbau von Kartoffeln und Mais in Europa war von einschneidender Bedeutung für die Landwirtschaft ... Sie verbesserten nachhaltig die chronisch prekäre [schwierige] Ernährungslage in Europa und damit die Leistungsfähigkeit der europäischen Arbeiter und Bauern, wodurch wichtige Grundlagen zu den agrarischen und industriellen Entwicklungsschüben des späten 18. und frühen 19. Jahrhunderts geschaffen wurden.

Claudia Schnurmann, Europa trifft Amerika, Frankfurt a. M. (Fischer) 1998, S. 225.

M3

## Die Bevölkerung der Karibischen Inseln 1991 *(ungefähre Angaben in %)*

| Insel | Schwarze | Mischlinge | Asiaten | Weiße |
|---|---|---|---|---|
| Jamaika | 77 | 19 | 3 | 1 |
| Dominica | 90 | 10 | – | 0,03 |
| Haiti | 65 | 30 | – | 5[1] |
| Kuba | 11 | 51 | 1 | 37[2] |

[1] darunter Indios
[2] meist spanische Abstammung

Zusammengestellt nach Deutscher Bücherbund/ADAC (Hg.), Das Bild unserer Welt, Bd. 1: Amerika, München (ADAC) 1988 und Fischer Weltalmanach 2005, Frankfurt a. M. (Fischer) 2004.

**1** Kläre anhand des Darstellungstextes
a) den Zusammenhang zwischen wirtschaftlichen Interessen und Unterdrückung,
b) die Folgen des Eintretens Las Casas' für die Rechte der einheimischen Bevölkerung.

**2** Beschreibe mithilfe von M1 die Handelsströme zwischen Europa, Amerika und Afrika. Notiere diese in einer Liste.

**3** Untersuche anhand von M3, inwiefern die Geschichte des Sklavenhandels die Bevölkerungsstruktur der Karibischen Inseln heute noch prägt.

**4** a) Stelle die Aussagen aus M2A und M2B über die Folgen der Eroberung für Amerikaner bzw. Europäer zusammen.
b) Vergleiche die Positionen und nimm begründet Stellung zu den beiden Auffassungen (siehe im Umschlag „Historische Sachverhalte beschreiben").

# Haben Chinesen Amerika entdeckt?

M1 **Die Reisen des Admirals Zheng He (1371–1433)**

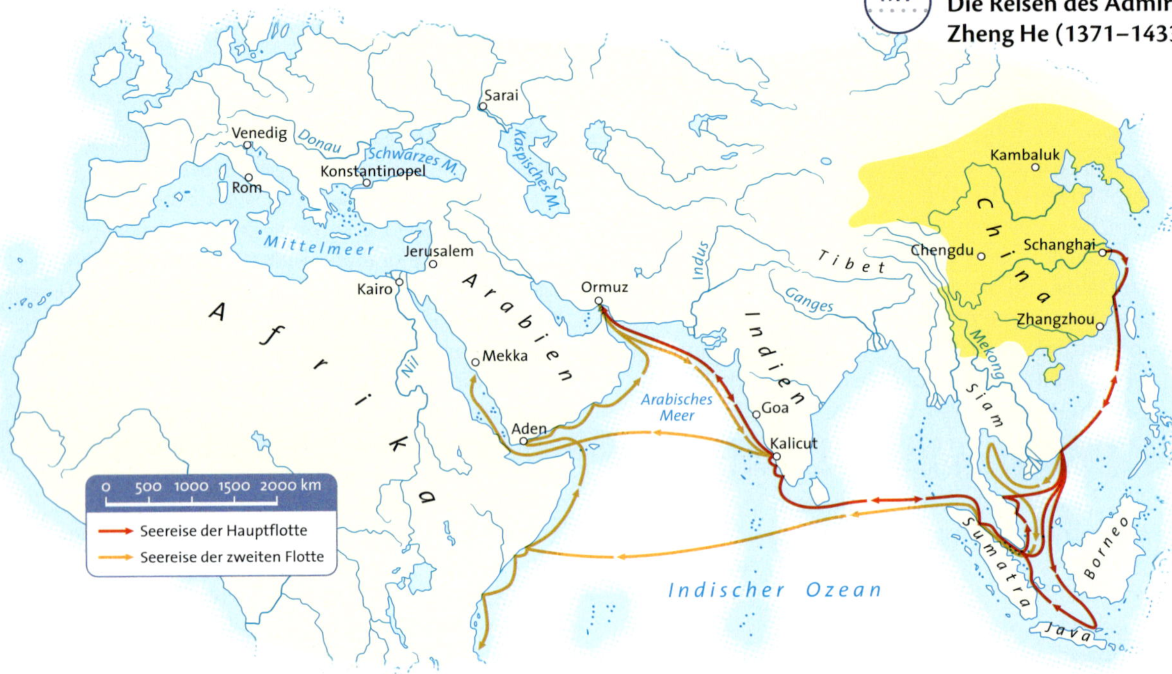


M2
### „1421 – als China die Welt entdeckte"

**Aus einem Internet-Artikel des TV-Senders ProSieben vom 21. Mai 2006:**

Alle Geschichtsbücher der Welt müssen umgeschrieben werden, wenn Gavin Menzies Recht hat. Er sagt: Nicht Christoph Kolumbus hat Amerika entdeckt, sondern ein Chinese. Zheng He, chinesischer Seefahrer und Nationalheld, soll schon 71 Jahre vor dem Seefahrer aus Genua die neue Welt betreten haben. Fest steht: 1421 führte Zheng He eine riesige Flotte mit 300 Schiffen und 28 000 Mann über die Weltmeere. Aber eine so große Flotte hinterlässt Spuren. Und einige davon findet Menzies 600 Jahre später in den Vereinigten Staaten. Akribisch dokumentiert er sie in seinem Bestseller „1421– Als China die Welt entdeckte". Sein wichtigstes Beweisstück ist eine chinesische Landkarte aus dem Jahre 1418 [angeblich als Kopie aus dem Jahre 1763]. Auf dieser Karte sind alle Kontinente der Erde verzeichnet – auch Amerika. Doch ist diese Karte echt? Stammt sie wirklich aus dem Jahr 1418? Angeblich haben alle Seefahrer nach Zheng He diese Karte für ihre Entdeckungsreisen benutzt – auch Kolumbus.

www.prosieben.de/lifestyle_magazine/www/themenarchiv/themen_1_n/25644 (Stand: 17. Juni 2007)

M3

**Weltkarte,** angeblich eine 1763 für den Kaiser erstellte Kopie der Karte von 1418. Die Kontinente und Ozeane sind vorhanden, die britischen Inseln fehlen, Kalifornien ist als Insel gezeichnet.

**1** Recherchiere zur Frage der Entdeckung Amerikas durch China (Internet, neueste Fachliteratur). Unterscheide dabei nach gesicherten Kenntnissen, Behauptungen und offenen Fragen. Berichte in der Klasse.

**2** Diskutiert, warum diese „historische Frage" heute als weltpolitisch wichtig angesehen werden könnte.

# Entdeckung und Eroberung

M1 **Karikatur von 1992**

## Überprüfe, was du kannst

### Sachkompetenz

**1** Stelle aus den Seiten 51 bis 57 Erfindungen und Entdeckungen zusammen, die das Weltbild der Menschen im Vergleich zum Mittelalter entscheidend veränderten.

**2** Erkläre den Begriff „empirische Arbeitsweise" (S. 51–53).

### Urteilskompetenz

**3** Fasse schriftlich zusammen, wie sich für dich das Zusammentreffen der Kulturen der europäischen Eroberer und der altamerikanischen Völker darstellt. Beurteile Einstellung und Verhalten der Eroberer (S. 54–63).

**4** Von manchen Geschichtswissenschaftlern wird das Verhalten der Europäer in der Frühen Neuzeit als „Kultur der Neugier" bezeichnet. Nimm begründet dazu Stellung.

### Handlungskompetenz

**5** Erschließe die Aussage von M1. Worin siehst du den „wahren" Kern, worin Übertreibung?

1200 Die Reiche der Inka und Azteken entstehen

1492 Entdeckung Amerikas durch Christoph Kolumbus

seit 1492 Eroberung und Kolonisierung Amerikas durch die Europäer

1520 Gründung Mexiko-Stadt

1610 Galileo Galilei: Veröffentlichung zum heliozentrischen Weltbild

1200 | 1300 | 1400 | 1500 | 1600

# Reformation: Glaubensstreit und Machtkampf

**Wissen • Urteilen • Handeln • Methoden anwenden**

Am Ende dieses Unterkapitels kannst du

- die Lehre Luthers von der der römischen Kirche unterscheiden
- Grundsätze und Folgen der Reformation nennen
- die Gegenreformation der Kirche erläutern und bewerten
- den Bauernkrieg von 1525 in die Zeit der Reformation einordnen
- die Folgen des Dreißigjährigen Krieges darstellen und seine Bedeutung für Europa bewerten
- die Hexenverfolgung und ihre wissenschaftliche Darstellung beschreiben
- **Methode** Informationen präsentieren

## Konfessionen in Europa um 1570

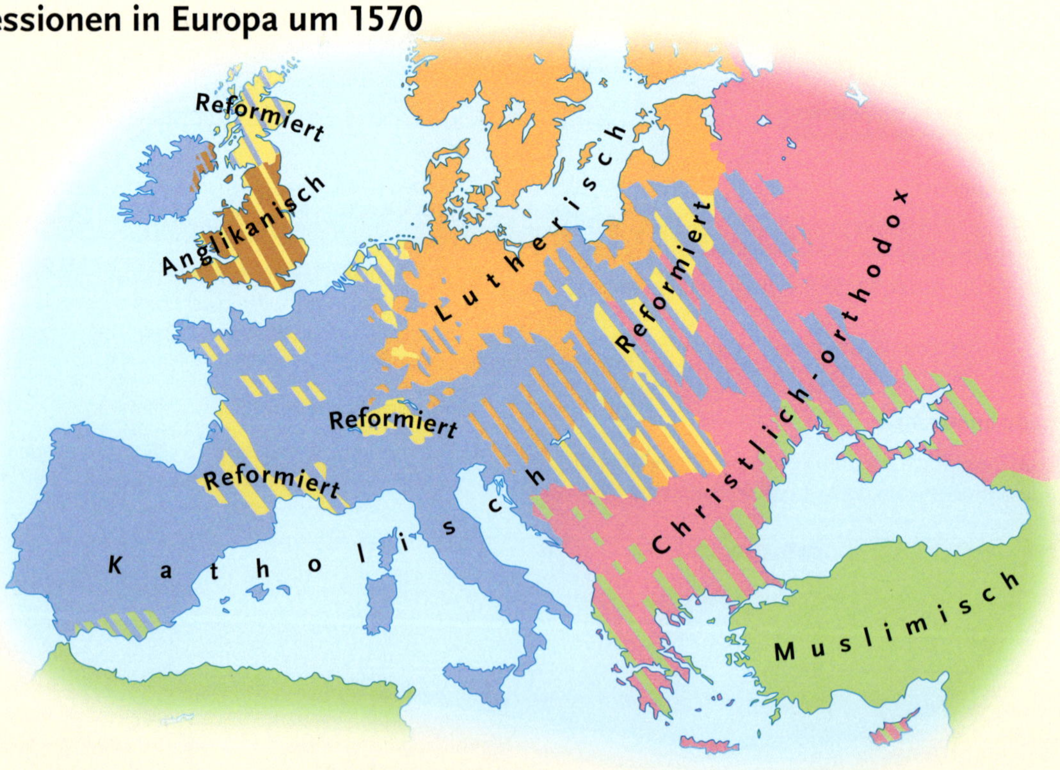


- **Reformation** – seit 1517
- **Gegenreformation** – seit 1545
- **Dreißigjähriger Krieg** – 1618 bis 1648

# Martin Luther – Streit um den richtigen Glauben

**Missstände in der römischen Kirche**

Als im Jahr 1517 der Dominikanermönch Tetzel in der Gegend um Magdeburg so genannte Ablassbriefe* verkaufte, stieß er in der Bevölkerung auf großes Interesse. Durch den Erwerb eines solchen Briefes konnte sich nämlich jeder von seinen Sünden und der zu erwartenden Strafe Gottes freikaufen. Tetzel machte ein gutes Geschäft und die Einnahmen kamen seinem Auftraggeber Kardinal Albrecht zugute. Der brauchte das Geld dringend, weil er sich mehrere Ämter gekauft hatte: Zunächst war er Bischof geworden, dann Erzbischof und schließlich Kardinal. Die Erlaubnis für diesen Ämterkauf hatte ihm Papst Leo X. erteilt, der sich dafür wiederum reichlich entlohnen ließ. Das Geld verwendete er für seine prunkvolle Hofhaltung und vor allem für den Bau der Peterskirche in Rom. Sie sollte die größte und prächtigste Kirche der Welt werden.

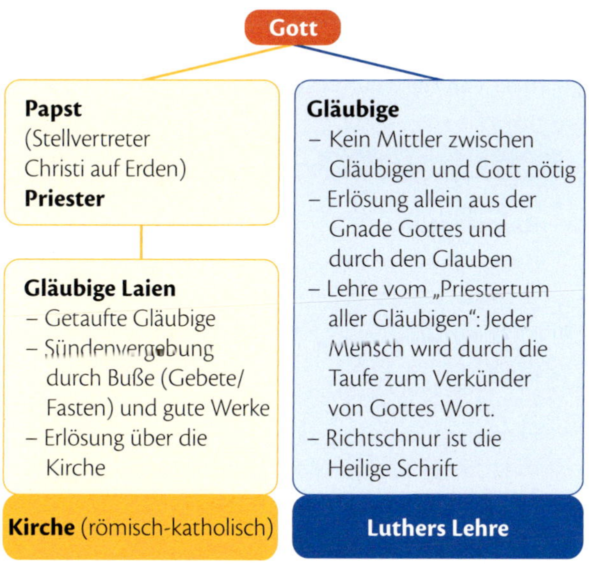


**M1** **Die Lehre Luthers im Vergleich zur spätmittelalterlichen Kirchenlehre**

**1** Stelle begründet Vermutungen an, welche Veränderungen in Europa seit dem späten Mittelalter deutlich werden. Vergleiche dafür die Karten S. 8 und S. 66.

**2** Erarbeite die Kritik Luthers an der Kirche und deren Reaktion darauf (Darstellungstext, M1 und Kasten).

**3** Erörtere, warum gerade einfache Bürger und Bauern die Ablasspraxis kritisierten.

**Biographie**

**Martin Luther**

Als in Wittenberg der Mönch und Theologieprofessor Martin Luther (1483–1546) von den Ablasspredigten Tetzels hörte, beschloss er, dagegen vorzugehen. Luther verfasste 95 Thesen (= Behauptungen), in denen er die Ablasspredigten als gottlos und ketzerisch verurteilte. Mit seiner Kritik wurde Luther zu einer Gefahr für die Herrschenden in der Kirche. Der Papst versuchte, Luther durch öffentliche Verhöre und Streitgespräche zum Einlenken zu bringen. Dieser widerrief seine Meinung aber nicht. Daraufhin entband der Augustinerorden Luther vom Mönchsgelübde.

1519 behauptete Luther bei einem theologischen Streitgespräch, Papst und Konzilien könnten sich irren, allein das Wort der Bibel sei verbindlich. Nun galt Luther als Ketzer. Wenig später drohte der Papst ihm den Kirchenbann an, d. h. den Ausschluss aus der Kirche, doch Luther verbrannte die päpstliche Drohbulle öffentlich.

Anfang 1521 wurde er gebannt und zum Reichstag nach Worms vorgeladen. Auch dort widerrief er seine Auffassung nicht und folglich stellte ihn Kaiser Karl V. (1519–1556) unter die Reichsacht*. Der Kurfürst Friedrich von Sachsen brachte ihn auf der Wartburg in Sicherheit. Hier übersetzte Luther das Neue Testament ins Deutsche. Nach seiner Rückkehr von der Wartburg heiratete Luther die frühere Nonne Katharina von Bora, mit der er sechs Kinder hatte.

**Vorschlag für eine Gruppenarbeit**

Erarbeitet in fünf Gruppen die Seiten 67 bis 71. Jede Gruppe übernimmt eine Seite und fertigt mithilfe der Arbeitsaufträge einen Bericht für die Klasse an. Ihr könnt dabei die Arbeitsschritte „Informationen präsentieren“ (S. 74) nutzen.

– Diskutiert in der Klasse den möglichen Zusammenhang zwischen Glaubensstreit und politischem Machtstreben.

# Die Reformation

### Ausbreitung der Lehre – Spaltung im Reich

Luthers Schriften wurden mithilfe der neuen Buchdrucktechnik in der Bevölkerung verbreitet. Seine Ideen und Reformvorschläge fanden bei vielen Menschen Gehör. Manche verstanden sie auch als Aufforderung zum Widerstand gegen die verhasste Obrigkeit. An vielen Orten kam es zu Gewalttätigkeiten gegen Priester, Mönche und Nonnen. Luther lehnte solches Handeln jedoch ab und sprach sich gegen Gewalt aus. Die Reformation führte im Reich zu einer politischen Spaltung zwischen den katholisch und den reformatorisch orientierten Landesherren*. In der Schweiz entstand eine reformatorische Bewegung um Jean Calvin (1509–1564).

M1

### Die Reformation in Esslingen

Am 11. November 1531 beschlossen der Bürgermeister und der Rat der Stadt Esslingen, die Reformation einzuführen:

Der Rat als christliche Obrigkeit habe beschlossen, zu Lob, Ehre und Preis des allmächtigen Gottes, zur Förderung seines heiligen Namens und Glaubens, zum Seelenheil aller und zur Erhaltung von Frieden und Einigkeit das heilige, göttliche, klare, lautere und makellose Wort Gottes ohne menschliche Zusätze verkünden und unerschrocken predigen zu lassen, wie es ja schon seit einiger Zeit geschehe. Daraus erfolgt zwangsläufig die Notwendigkeit, dass alles, was von den bisherigen Kirchenbräuchen dem hellen, göttlichen Wort entgegensteht und sich mit der Schrift nicht beweisen lässt, wie die päpstliche Messe, die Heiligenbilder und anderes mehr, ganz und gar vernichtet und abgeschafft werden muss, um einen wahren, evangelischen und christlichen Gottesdienst wie zu Zeiten der heiligen Apostel abhalten zu können. Bevor von den Prädikanten[1] und Geistlichen zusammen mit dem kleinen und großen Rat eine für alle verbindliche Ordnung erlassen wird, sollen sämtliche Geistlichen der Stadt gehört werden und erklären, was vom alten Glauben aus ihrer Sicht in der heiligen Schrift gegründet ist.

Zit. nach 450 Jahre Reformation in Esslingen, Ausstellungskatalog, Stadtarchiv Esslingen (Hg.), Esslingen, 1981, S. 117 f.

[1] Prädikant: Hilfsprediger

M2

**Titelblatt der Bibelübersetzung von Martin Luther,** gedruckt von Hans Lufft in Wittenberg, 1541

**Begriffe und Daten**

### Reformation

(lat. reformatio = Umgestaltung, Erneuerung). Religiöse Erneuerungsbewegung, die durch Martin Luthers Kritik am Ablasshandel der katholischen Kirche ausgelöst wurde. Ziel der Reformation im 16. Jahrhundert war es, die ursprüngliche Reinheit des Glaubens wiederherzustellen. Sie führte am Ende zu einer Spaltung der Kirche in zwei Konfessionen* (lat. confessio = Bekenntnis): die katholische und die evangelische (Protestanten*).

**1** Zeige mithilfe des Darstellungstextes und M2, welche Folgen die Lehre Luthers im Reich hatte.

**2** Formuliere mit eigenen Worten, wie der Esslinger Rat (M1) die Einführung der Reformation begründete.

**3** Zeige, inwieweit in der Reformation Religion und Politik miteinander verknüpft waren.

**4** **Recherche:** Fragt bei der Stadtverwaltung nach der Religions- bzw. Konfessionszugehörigkeit der Einwohner in eurem Ort.

# Der Bauernkrieg

### Luther und die Bauern

Verschlechterte Lebensbedingungen und Einschränkung alter Rechte wie Jagen und Brennholzsammeln in herrschaftlichen Gewässern bzw. Wäldern hatten im süddeutschen Raum schon Ende des 15. Jahrhunderts zu vereinzelten Auflehnungen der Bauern gegen ihre Herren geführt. Als die Botschaft Luthers in den Zwanzigerjahren des 16. Jahrhunderts zu den Bauern drang, glaubten sie, für ihre Beschwerden und Proteste Begründungen in der Bibel zu finden. Unterstützung fanden sie häufig bei Pfarrern. Im Frühjahr 1525 brach der Aufruhr am Oberrhein los und verbreitete sich schnell bis nach Thüringen. Die Gewalt und die schnelle Verbreitung der Unruhen führten dazu, dass man später von einem Bauernkrieg sprach.

Die Obrigkeit reagierte schnell und hart. Sie schlug den Aufstand nieder. Luther, der den Forderungen der Bauern anfangs positiv gegenüberstand, änderte seine Ansicht: Er lehnte es ab, politische Forderungen direkt aus dem Evangelium abzuleiten und sie mit Gewalt durchzusetzen. In Thüringen wurde der Aufstand von dem Pfarrer und einstigen Anhänger Luthers, Thomas Münzer (1490–1525), angeführt. Der Aufstand wurde im Mai 1525 blutig niedergeschlagen und Münzer hingerichtet. Der Bauernaufstand blieb ohne Erfolg.

M2

### Aus den zwölf Artikeln der Bauern (1525)

Die aufständischen Bauern forderten unter anderem:

**Art. 1:** Die Gemeinde soll sich ihren Pfarrer selbst wählen dürfen.

**Art. 2:** Der Kornzehnt soll für die Bezahlung des Pfarrers genutzt werden; der Viehzehnt entfällt.

**Art. 3:** Die Bauern wollen der Obrigkeit Gehorsam leisten, aber nur als freie Menschen, nicht als Leibeigene.

**Art. 4:** Die Gemeinde soll das Recht der Jagd und des Fischfangs zurückbekommen.

**Art. 6:** Die Frondienste sollen verringert werden auf das Maß, das für die Eltern galt.

**Art. 7:** Abgaben und Dienste über das festgelegte Maß hinaus soll die Herrschaft selbst bezahlen.

**Art. 8:** Der Pachtzins soll gerecht festgelegt werden.

**Art. 12:** Die Grundlage der bäuerlichen Forderungen ist das Evangelium.

Zusammengestellt und bearbeitet nach Günther Franz (Hg.), Quellen zur Geschichte des Bauernkrieges, Darmstadt, 1963, S. 238 ff.

**1** Erläutere die Forderungen der Bauern (M2).

**2** Zeige anhand des Darstellungstextes und M1 Ursachen, Verlauf und Ergebnis des Bauernkrieges.

**3** Erkläre die Verbindung zwischen Bauernkrieg und Reformation.

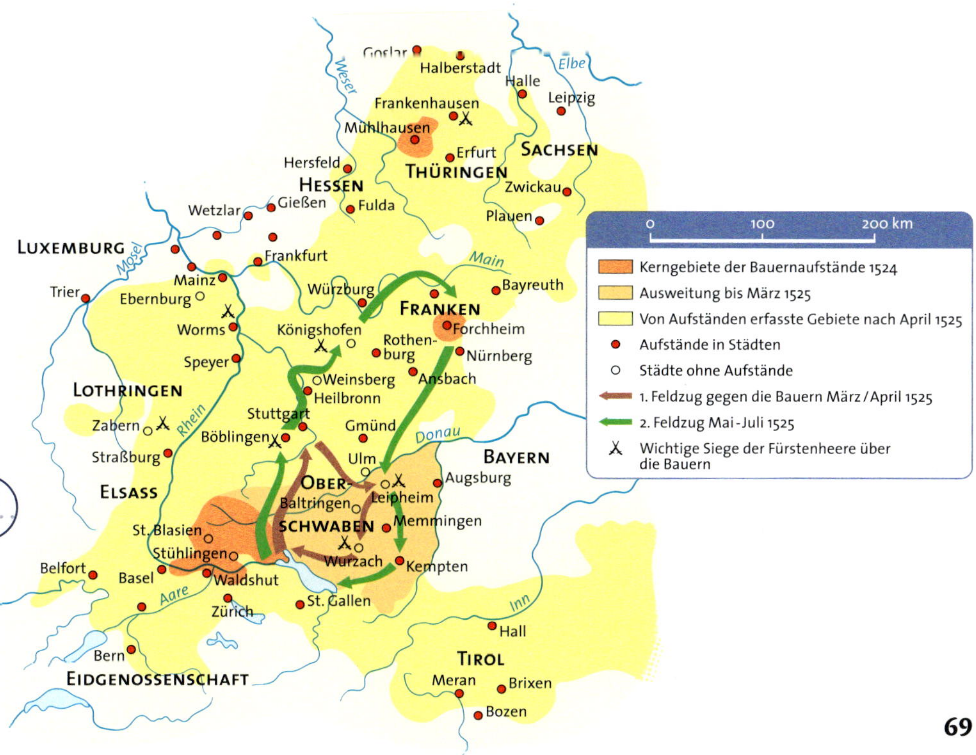


M1

**Bauernaufstände und Bauernkrieg 1525**

# Die Gegenreformation der katholischen Kirche

## Glaubensspaltung und Religionsfriede

Angesichts der wachsenden Zustimmung der Reformation bei Landesherren* und Städten berief der Papst auf Druck des Kaisers 1545 ein Konzil in die italienische Stadt Trient. Dem Kaiser war an einem einheitlichen Glauben in seinem Reich gelegen, die Reichsfürsten der protestantischen Länder lehnten jedoch die Teilnahme am Konzil ab. Bereits 1531 hatten sie sich im Schmalkaldischen Bund (1531–47) zusammengeschlossen, um ihre Rechte als Landesherren und ihre Religionsfreiheit zur Not auch mit Waffen zu verteidigen. Im militärisch ausgetragenen Konflikt mit Kaiser Karl V. unterlagen sie zunächst, konnten sich aber mit einem Beschluss auf dem Reichstag in Augsburg 1555 gegen den Kaiser durchsetzen. Der so genannte „Augsburger Religionsfriede“ sah Folgendes vor:

- Das katholische und das lutherische Glaubensbekenntnis sind gleichgestellt.
- Mit seinem Bekenntnis legt der Landesherr die Konfession seiner Untertanen fest (lat. cuius regio, eius religio = wessen das Land, dessen die Religion).
- Untertanen, die nicht die Konfession ihres Landesherrn annehmen wollen, müssen auswandern.

## „Rechter Glaube“ durch Bildung und Gewalt

Die Beschlüsse des Konzils von Trient wurden vor allem von den Mönchen des Jesuitenordens getragen. Durch Bildung sollten besonders junge Menschen dem katholischen Glauben zugeführt und vor den Irrlehren der „Heiden“ und „Ketzer“, wie den Protestanten, geschützt werden. Deshalb gründeten die Jesuiten in der ganzen Welt Schulen und Universitäten. Viele katholische Herrscher versuchten ihre Untertanen mit der Inquisition* an die Kirche zu binden: Verfolgung, Folterung und Hinrichtung von Ketzern* im Namen der Kirche. Dies löste einen langen Kampf aus, der u.a. 1588 zur Unabhängigkeit der nördlichen Provinzen von Spanien führte, womit die heutigen Niederlande entstanden. In Frankreich wurden die Calvinisten („Hugenotten“) Opfer blutiger Verfolgung. Schließlich verfügte König Heinrich IV. im Edikt von Nantes (1598), dass der Katholizismus Staatsreligion bleiben sollte, garantierte aber gleichzeitig den Hugenotten die freie Ausübung ihrer Religion.

M1

**Das Licht ist auf den Leuchter gestellt,** holländischer Kupferstich, 1617. Um den Tisch sitzen Reformatoren aus Europa: u.a. Jan Hus (A), Philipp Melanchthon (B), Martin Luther (C), Jean Calvin (D), Theodor Beza (E), John Wyclif (F) und (stehend) Huldreich Zwingli (G). Im „Atem“ der Figuren im Vordergrund steht: „Verkehrte Gelehrtheit“ und „Lügengeist“.

**Begriffe und Daten**

### Konzil von Trient

Versammlung, die unter der Leitung des Papstes von 1545 bis 1563 tagte. Beschlossen wurde Folgendes:

- Grundlage des Glaubens ist nicht allein die Bibel, sondern auch die Überlieferung der Kirchenlehrer.
- Nur die Kirche hat das Recht, die Bibel auszulegen.
- Der Mensch verdient Gottes Gnade durch den Glauben und durch gute Werke.
- Der Missbrauch des Ablasses wird ebenso verboten wie der von Kirchenämtern.
- Latein soll Sprache der Liturgie und der Bibel sein.
- Nur der Papst ist berufen, die Kirche zu leiten.

**1** Vergleiche das Ergebnis des Augsburger Religionsfriedens mit den ursprünglichen Zielen der Reformation.

**2** a) Liste anhand des Darstellungstextes die Maßnahmen der katholischen Kirche bzw. Herrscher gegen die Glaubensspaltung auf.
b) Bewerte ihr Ergebnis und vergleiche mit der spätmittelalterlichen Kirche.

**3** Untersuche M1 nach der Methode „Eine Bildquelle entschlüsseln“ (siehe Anhang).

**4** **Recherche:** Informiere dich über Reformatoren (M1), die du nicht kennst (Lexika, Internet, Sachbücher). Berichte in der Klasse.

# Der Dreißigjährige Krieg – ein europäischer Krieg

## Ursachen, Anlass und Folgen

Der Augsburger Religionsfriede hatte die Spannungen zwischen katholischen und protestantischen Fürsten nicht beseitigt. Im Jahr 1608 schlossen sich die protestantischen Fürsten zu einem Bündnis, der „Union", die katholischen 1609 zu der „Liga" zusammen. Das „explosive Gemisch" aus konfessionellen und machtpolitischen Spannungen schwelte bereits, als 1617/18 der Habsburger Ferdinand II. König von Böhmen wurde. Er nahm die politischen und konfessionellen Freiheiten, die sein Vorgänger Rudolf II. den protestantischen Adligen in Böhmen eingeräumt hatte, wieder zurück. Daraufhin folgte ein Krieg, der sich über 30 Jahre hinzog. Am Ende hatten sich nicht nur die politischen Machtverhältnisse in Europa verändert, sondern es lagen auch unzählige Dörfer und Städte in Schutt und Asche, ganze Landstriche waren entvölkert. Der Friedensvertrag wurde über mehrere Jahre im katholischen Münster und im evangelischen Osnabrück ausgehandelt.

**Begriffe und Daten**

### Westfälischer Friede 1648

Mit dem Friedensschluss wurde der Dreißigjährige Krieg beendet. Katholiken, Lutheraner und Calvinisten waren jetzt gleichberechtigt. Die Rangordnung der europäischen Mächte hatte sich zu Ungunsten des Deutschen Reiches verschoben: Innerhalb des Reiches bildeten die Reichsstände (Kurfürsten, weitere weltliche und geistliche Fürsten und Reichsstädte, die unmittelbar dem Kaiser unterstellt waren) ein starkes Gegengewicht zum Kaiser. Sie herrschten in ihren Territorien weitgehend selbstständig. Im „Immerwährenden Reichstag" tagten die Ständevertreter seit 1663 in Regensburg.

1. Benenne anhand des Darstellungstextes Anlass und Ursachen des Dreißigjährigen Krieges.
2. Zeige den Gebietsstand nach dem Dreißigjährigen Krieg anhand der Karte M1.
3. Bewerte aus der Sicht des Kaisers und der Fürsten die Regelungen des Westfälischen Friedens (Kasten).

M1

**Das Heilige Römische Reich nach dem Westfälischen Frieden**

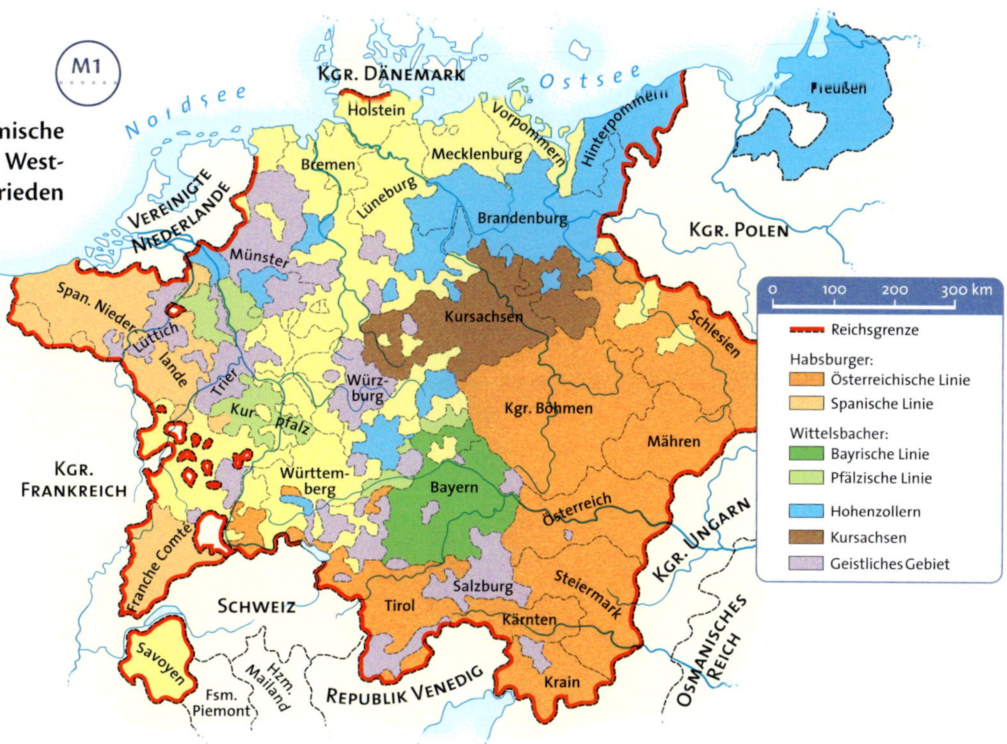

# Hexenverfolgung in der Frühen Neuzeit

## Der Hexerei verdächtigt

Zu den Kerngebieten europäischer Hexenverfolgung zählte der Raum zwischen Maas, Rhein und Mosel mit den Herzogtümern Luxemburg und Lothringen, der Eifel und dem Trierer Land. Hier wurden zwischen 1570 und 1680 tausende Menschen als Hexen angeklagt und hingerichtet. Die Mehrheit der wegen Zauberei Angeklagten waren Frauen, aber auch Männer wurden Opfer der Verfolgung, in manchen Gegenden bis zu 30 Prozent.

Der Glaube der Menschen an Zauberei und Hexerei entstand nicht erst im 16. Jahrhundert und war nicht auf Europa beschränkt. Bereits die Menschen in der Antike versuchten, Glück und Schaden mit magischen Kräften zu erklären.

## Gründe für Verfolgung

Hatte im Mittelalter die Kirche Hexerei bekämpft, weil sie darin Aberglaube und Ketzerei sah, waren es in der frühen Neuzeit vor allem Stadträte und Landesherren. Hexerei war nämlich nicht nur nach kirchlichem, sondern auch nach weltlichem Recht strafbar. Oft waren es Motive wie Neid und Streit, die jemanden veranlassten, Nachbarn oder sogar Familienangehörige der Hexerei oder Zauberei zu beschuldigen. Auch Gerüchte und Äußerungen von Kindern reichten aus, um eine Person vor Gericht zu stellen. Unter Folter gestand sie dann alles, was ihr zur Last gelegt wurde – auch wenn sie gar nicht schuldig war.

1487 wurde in Deutschland der „Hexenhammer“ herausgegeben, ein Handbuch, das den mit Hexenverfolgung befassten Personen helfen sollte, Verbrechen aufzuklären und die Verurteilten angemessen zu bestrafen. Sein Autor, der Dominikanermönch Heinrich Kramer, genannt Institoris, zählte als Straftaten unter anderem auf: Teufelspakt, Hexenflug, Hexensabbat und Schädigung von Menschen am Leib („Schadenszauber“).

Oft gingen die Hexenprozesse von der Bevölkerung aus. Im gesamten Deutschen Reich und im Herzogtum Luxemburg bildeten sich auf Gemeindeebene „Hexenausschüsse“, die belastende Zeugenaussagen sammelten und die beschuldigte Person schließlich vor Gericht anklagten. Hexenprozesse konnten jedoch nur dort durchgeführt werden, wo die landesherrliche Regierung oder Stadträte sie duldeten oder unterstützten.

## Gegner der Hexenprozesse

Es gab auch bedeutende Gegner der Hexenverfolgung. Zu den bekanntesten gehört Friedrich Spee (1591–1635), der in seiner Streitschrift „Cautio criminalis“ („Rechtliche Bedenken wegen der Hexenprozesse“) besonders die Folter kritisierte. Im Herzogtum Luxemburg waren es die Theologen Antonius Hovaeus (gest. 1568) und Heinrich Gaderius (gest. 1636). Hovaeus schrieb: „Denn in der Folter lügen gleichermaßen diejenigen, die viel aushalten und die nichts aushalten können. Während der eine seine Missetaten nicht gestehen will, bekennt der andere Schlimmeres, als ihm jemals im Traume einfiel.“ Der Pfarrer Gaderius unterstützte angeklagte Gemeindemitglieder mit Geld für ihre Verteidigung. Er predigte gegen die Hexenprozesse und sammelte Beweise gegen den Amtmann seiner Gemeinde, der für die Prozesse verantwortlich war.

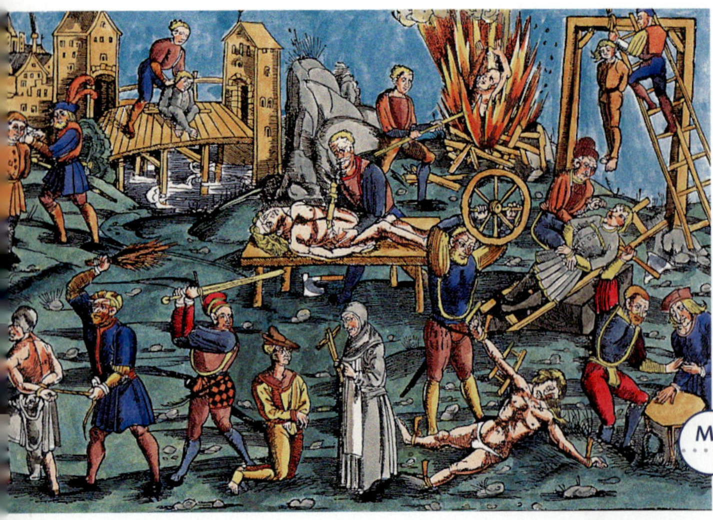

M1 **Foltermethoden und Strafen,** Holzschnitt aus dem Augsburger Laienspiegel, 1512

M2

## Hexenprozess gegen Anna Hesen

1630 fand im Trierer Land ein Hexenprozess gegen Anna Hesen aus Föhren statt. In den Prozessakten sind folgende Zeugenaussagen verzeichnet:

**2A** Was die Zauberei angeht, so habe ich von dem Verdacht gegen die Beklagte schon seit der Zeit, seit der ich hier wohne, gehört … (Jakob Claßen)
Jeder, der hier in der Gegend seit 40 Jahren lebt, hält sie für eine Zauberin und eine ehebrecherische Hure. (Endres Hofmann)
Ich halte die Beklagte schon seit 38 Jahren für eine Hexe und eine ehebrecherische Hure, das habe ich auch von meinen verstorbenen Eltern gehört …
Seit der Schwiegervater der Beklagten wegen Zauberei in Ruwer hingerichtet worden ist, hält die ganze Gemeinde sie für eine Zauberin. (Ursel, des Meiers Frau)

Eintrag in den Akten zum ersten Prozess gegen Anna Hesen am 4. Oktober 1630

**2B** Demnach ist diese Person dreimal in der Tortur[1] gewesen, hat sich aber nicht zur Zauberei bekannt. Jedoch hat sie den Inzest mit dem Stiefvater gestanden. Sie wurde an den Pranger gestellt, mit Ruten ausgestrichen und bis auf eine weitere Untersuchung und nach der Zahlung der Prozesskosten nach Hause entlassen.

Zusammengestellt und sprachlich vereinfacht nach: Hexenwahn. Ängste der Neuzeit, hg. v. Rosmarie Beier-de Haan, Rita Voltmer, Franz Irsigler im Auftrag des Deutschen Historischen Museums Berlin (DHM) 2002, S. 238 und S. 246 f.

[1] Folter

M4

## Hexenverfolgung in der Frühen Neuzeit

Viele meinen, dass Hexenverfolgungen im Mittelalter stattgefunden hätten. Sie waren aber vor allem eine Erscheinung der Frühen Neuzeit. Ein Katalog anlässlich einer Hexenausstellung 1994 fasst Vermutungen zusammen:

Umgekehrt verstehen wir heute besser, warum gerade im späten 15. Jahrhundert und im Zeitraum zwischen 1560 und 1660 die Neigung anstieg, Hexenverfolgungen durchzuführen. Das gesellschaftliche Gefüge einer noch weitgehend statischen[1] Agrargesellschaft geriet unter Druck, weil bei einer zunehmenden Überbevölkerung eine zunehmende Existenzangst eintrat. Diese … muss auch vor dem Hintergrund der Hungerkrisen verstanden werden, die im Zuge einer weltweiten klimatischen Abkühlung, der so genannten kleinen Eiszeit, in immer kürzeren Abständen eintraten.
Agrarkrisen traditioneller Art (Unwetter – Missernte – Preissteigerung – Unterernährung – Epidemien – rapider Anstieg der Todesrate) waren für die zunehmende Hexereivorstellung in der Bevölkerung von zentraler Bedeutung, denn Hexen konnten sowohl für das Unwetter als auch für Krankheiten von Mensch und Vieh verantwortlich gemacht werden.

Hexen und Hexenverfolgung im deutschen Südwesten, Badisches Landesmuseum (Hg.), Ostfildern (Cantz) 1994, S. 131. Bearb. d. Verf.

[1] keine Entwicklung aufweisend

M3

**Zwei Prangerketten,** Herzogtum Luxemburg, 17. /frühes 18. Jh. Wenn eine Person, die wegen Hexerei und eines weiteren Delikts angeklagt wurde, nur diesen Delikts aber nicht der Hexerei für schuldig befunden wurde, konnte sie an den Pranger gestellt werden. Es wurde die Prügelstrafe vollzogen, auch Hausarrest verhängt, bis neue Verdachtsmomente eine neue Anklage wegen Hexerei ermöglichten.

**1** Benenne die in M1 abgebildeten Foltermethoden und Strafen. Nimm dazu Stellung.

**2** a) Untersuche M2 und M3 und halte deine Ergebnisse zu Anklage und Verlauf des Prozesses gegen Anna Hesen fest.
b) Beurteile den Prozessverlauf aus damaliger und aus heutiger Sicht.

**3** Fasse anhand von M4 die Gründe der Hexenverfolgungen in der Frühen Neuzeit zusammen.

# Informationen präsentieren

## Sehen und besser verstehen

In eurem Unterricht wurden sicher schon Referate vorgetragen. Oft ist es nicht leicht, die neuen Informationen zu behalten. Das Verstehen fällt leichter, wenn verschiedene Medien eingesetzt werden. Ein Referat, bei dem Medien zur Veranschaulichung („Visualisierung") verwendet werden, wird Präsentation genannt.

**1** Erstelle mithilfe der Arbeitsschritte eine Präsentation.
Vorschläge für Themen:
- Die Reformation in Europa
- Der Westfälische Friede und seine Folgen
- Hexenverfolgungen – das Beispiel …

*1. Einleitung*
- *soll Thema/Frage vorstellen, das/die geklärt werden soll*
- *soll deine Vorgehensweise zeigen*

*2. Hauptteil*
- *muss schlüssig sein und sich auf das Thema der Präsentation beziehen*
- *muss auf überzeugenden Aussagen und Beispielen aus den Quellen beruhen*

*3. Schlussteil*
- *fasst die wesentlichen Erkenntnisse zusammen*
- *nennt Fragen, die offen geblieben sind*

M1

**Der Aufbau einer Präsentation**

### Arbeitsschritte

**1. Schritt: Thema, Ziel und Form des Vortrags klären**
- Welches Ziel soll der Vortrag haben?
- Für wen wird präsentiert?
- Welche Informationen/Inhalte sollen dargestellt werden?
- Welche Medien können/sollen benutzt werden?
- Welche Zeitvorgabe muss beachtet werden?

**2. Schritt: Informationen sammeln und ordnen**
- Sammle Material zum Thema (Lexika, Internet).
- Wähle die Informationen aus, die die Vorgaben von Schritt 1 erfüllen.
- Ordne die Informationen so, dass die Zuhörer sie nachvollziehen und eigene Überlegungen anstellen können.
- Bilde Themenblöcke mit Behauptungen oder Fragen als Überschriften.

**3. Schritt: Vortrag strukturieren**

Jedes Referat, jede Präsentation hat eine Einleitung, einen Hauptteil und einen Schlussteil. Gliedere deine Präsentation nach den Vorgaben von M1.

**4. Schritt: Visualisierung**
- Notiere die wichtigsten Aussagen deines Vortrags.
- Welches Medium bietet sich an, um die Aussagen den Zuhörern zu verdeutlichen (z. B. Plakat, OHP-Folie, Beamer)?
- Gestalte die Visualisierung so, dass der Inhalt schnell erfasst wird (z. B. Grafik, Skizze, Symbole, Spiegelstriche).

**5. Schritt: Präsentation vorbereiten**
- Bevor du an die Öffentlichkeit trittst, solltest du die Präsentation üben. Suche dir dazu eine andere Person, die deine Präsentation vorher ansieht und dir noch ein paar Tipps für die Durchführung gibt. Stoppe die Zeit.
- Schreibe Stichwörter auf Merkzettel. Notiere auch, an welchen Stellen du etwas visualisieren möchtest.
- Überprüfe, ob Thema und Ziel deutlich werden.
- Plane genügend Zeit für Unterbrechungen oder Änderungen ein.
- Sorge dafür, dass alle Materialien und Geräte bereitstehen.

**6. Schritt: Präsentation**
- Prüfe, ob alle Medien und Materialien in der richtigen Ordnung sind.
- Trage deinen Vortrag möglichst ruhig vor und halte Blickkontakt mit den Zuhörern.
- Gib deinem Publikum Gelegenheit für Fragen oder für eine Diskussion.

# Reformation: Glaubensstreit und Machtkampf

M1 **„Luther, des Teufels Dudelsack“,** Karikatur von Erhard Schoen, 1521

M2 **„Ich bin der Papst“,** Karikatur, 1500. Die Karikatur zeigt Papst Alexander VI. (1492–1503) mit der Tiara (= dreifache Papstkrone für feierliche Anlässe).

## Überprüfe, was du kannst

### Sachkompetenz

**1** Fasse die Ergebnisse des Augsburger Religionsfriedens und des Konzils von Trient zusammen (S. 70).

**2** Erläutere die Verbindung zwischen Reformation und Bauernkrieg (S. 67 bis 69)

### Methodenkompetenz

**3** **Präsentation:** Bereitet arbeitsteilig eine kurze Präsentation (S. 74) vor, indem ihr
a) M1 bzw. M2 untersucht,
b) die Aussagen, die M1 bzw. M2 enthalten, erläutert.
c) Vergleicht anschließend M1 und M2 und stellt einen Zusammenhang mit der Reformation (S. 68) und der Gegenreformation (S. 70) her.

### Handlungskompetenz

**4** Formuliere je einen Erlass eines katholischen bzw. protestantischen Fürsten, die die Ergebnisse des Westfälischen Friedens (S. 71) aus ihrer Sicht den Untertanen verkünden.

- seit 15. Jahrhundert – Hexenverfolgung
- seit 1517 – Reformation
- 1517 – 95 Thesen Martin Luthers
- 1525 – Bauernkrieg
- seit 1545 – Gegenreformation
- 1545 bis 1563 – Konzil von Trient
- 1555 – Augsburger Religionsfriede
- 1618 bis 1648 – Dreißigjähriger Krieg
- 1648 – Westfälischer Friede

1450 | 1500 | 1550 | 1600 | 1650

# Neue Welten – neue Horizonte

Vom Ende des 13. bis zum 17. Jahrhundert fanden, ausgehend von den italienischen Städten, Veränderungen in ganz Europa statt, die die Stellung der Menschen in der Gesellschaft und das Weltbild der Menschen grundlegend veränderten. Diese Epoche, die auch als die Epoche der Renaissance und des Humanismus bezeichnet wird, kennzeichnet den Übergang vom Mittelalter zur Neuzeit. Dennoch war die Zeit nicht ohne Widersprüche: Während Gebildete in Europa versuchten, die Erscheinungen der Welt mit Vernunft zu erklären, lebten die meisten Menschen um 1500 überwiegend noch nach mittelalterlichen Regeln. In vielen Gegenden stieg z. B. die Zahl der Hexenprozesse gegen Frauen und Männer stark an. Warum es zu der Ausweitung der Hexenverfolgung kam, ist bis heute nicht geklärt.

**Humanismus und Renaissance**

Der Künstler und Forscher Leonardo da Vinci steht stellvertretend für die Veränderungen um 1500: In der Renaissance wurde der einzelne Mensch als etwas Einmaliges betrachtet, der aufgefordert war, auf vielfältige Weise sich und seine Umgebung zu erforschen. Die Idee von der Freiheit des Einzelnen erfasste alle Lebensbereiche, vor allem auch die Wirtschaft: Beispielhaft steht hier der mächtige Stadtstaat Florenz, in dem sich die Familie Medici die politische Macht sicherte. Geldverkehr, Fernhandel und die Nachfrage nach Luxuswaren führten dazu, dass Handel und Gewerbe in den Städten aufblühten. Auch außerhalb Italiens errangen große Handelsfirmen wie die der Fugger in Augsburg nicht nur eine marktbeherrschende Stellung, sondern großen politischen Einfluss. Zu den Verlierern dieser Entwicklung gehörten die im Verlagssystem tätigen Weber.

## Frühe Neuzeit – ein neues Zeitalter beginnt

### Humanismus und Renaissance

**Anfänge**
- Im 13./14. Jahrhundert erkämpft sich die Oberschicht der italienischen Stadtstaaten durch wirtschaftliche Erfolge politische Unabhängigkeit; eine einflussreiche, gebildete Oberschicht entsteht.
- Rückbesinnung auf antike Traditionen („Wiedergeburt“: Renaissance)

**Merkmale**
- der Mensch steht im Mittelpunkt der Welt; neuer Kunststil
- verstärktes naturwissenschaftliches und medizinisches Interesse
- wirtschaftlicher Wandel
- Forderung nach umfassender Bildung des Menschen

**Wirkung**
- Verbreitung der Ideen in ganz Europa; Entstehung eines Netzwerks im Handel und in der Wissenschaft

### Entdeckung und Eroberung

**Voraussetzungen**
- Kopernikus erkennt, dass die Erde um die Sonne kreist (heliozentrisches Weltbild) und stellt damit das geozentrische Weltbild der Kirche infrage.
- Galilei entwickelt das wissenschaftliche Experiment.

**Folgen**
- Durch neue Messinstrumente werden genauere Himmelsbeobachtungen möglich: Immer mehr Entdeckungsfahrten führen zum Erfolg.
- Den Entdeckern folgen Eroberer, die die einheimische Bevölkerung, z. B. in Amerika, unterwerfen und Kolonien gründen.

### Reformation: Glaubensstreit und Machtkampf

**Auslöser**
- Kritik am Ablasshandel führt zur Reformation (Martin Luther)

**Glaubensspaltung**
- Verbreitung der Ideen Luthers durch die neuen drucktechnischen Möglichkeiten im ganzen Reich
- Kirchenspaltung in ein katholisches und ein evangelisches/reformatorisches Glaubensbekenntnis
- Der jeweilige Landesherr bestimmt die Konfession seiner Untertanen.
- Bauernaufstände in Südwestdeutschland (1525)
- Gegenreformation

**Dreißigjähriger Krieg (1618–1648)**
- Spannungen zwischen katholischen und evangelischen Fürsten führen zu einem europaweiten Machtkampf; 1648 Westfälischer Friede

### Entdeckungen und Eroberungen
Gelehrte wie Galilei und Kopernikus gingen bei ihren Untersuchungen über bisherige von der Kirche verkündete Erklärungen hinaus. Bei der praktischen Umsetzung ihrer Naturbeobachtungen entwarfen einige Gelehrte Maschinen, die uns heute noch sehr modern erscheinen. Wegweisende Ereignisse, wie die Erfindung des Buchdrucks durch Johannes Gutenberg (1455) und die Entdeckung Amerikas durch Christoph Kolumbus (1492), wären ohne Forschung und technische Erfindungen nicht möglich gewesen.
Die Entdeckung der „Neuen Welt“ durch die Europäer erwies sich für die einheimischen Völker wie Azteken und Inka als der Beginn einer langen Herrschaft durch die Kolonialmächte Spanien und Portugal. Die einheimische Bevölkerung wurde von den Encomenderos ausgebeutet und in ihrer Menschenwürde nicht geachtet.

### Die Reformation führt zur Glaubensspaltung
Das 15./16. Jahrhundert war auch in der Kirche ein Jahrhundert grundlegender Veränderungen: Die Reformation, die Martin Luther (1483–1546) und andere Theologen anstießen, führte zur einer Glaubensspaltung der christlichen Kirche in katholische sowie evangelisch-lutherische und reformatorische Christen. Auslöser der Reformation war der seit dem späten Mittelalter übliche Ablasshandel mit begangenen Sünden: Diese konnten durch Stiftungen oder den Kauf von Ablassbriefen abgelöst werden. Kritik an diesem päpstlichen Ablasshandel übte Luther mit 95 Thesen, die er 1517 veröffentlichte. Er wurde daraufhin als Ketzer angeklagt. Viele Reichsfürsten und Reichsstädte stellten sich jedoch auf seine Seite. So wurde aus dem Streit um die Erneuerung der Kirche (Reformation) ein politischer Machtkampf zwischen Kaiser, Papst und Fürsten, der zur religiösen und politischen Spaltung des Deutschen Reichs führte. Im Augsburger Religionsfrieden (1555) wurde schließlich eine Gleichstellung des katholischen und des lutherischen Glaubensbekenntnisses vereinbart. Der Landesherr bestimmte über das Glaubensbekenntnis seiner Untertanen.
Seit etwa 1530 entstanden evangelische Landeskirchen, die von den Landesherren durch Landesbischöfe geleitet wurden. Die katholische Kirche versuchte seit den Reformen des Konzils von Trient (1545–1563), Einfluss zurückzugewinnen, z. B. durch die Gründung katholischer Bildungseinrichtungen (Jesuitenschulen).

### Der Bauernkrieg
Bereits am Ende des 15. und in den ersten Jahrzehnten des 16. Jahrhunderts gab es vereinzelt Aufstände unzufriedener Bauern gegen ihre Herren. Mit den Freiheitsgedanken der Reformation verband sich für die Bauern die Hoffnung auf die Erneuerung des Glaubens mit Erwartungen auf die Verbesserung ihrer Lebensverhältnisse. 1524/25 kam es dann vor allem im Südwesten des Reiches zu einem gewaltsamen Aufstand der Bauern. Der lutherische Pfarrer Thomas Müntzer (1490 bis 1525) unterstützte die Bauern, Luther selbst dagegen lehnte den gewaltsamen Protest ab und rief die Herrscher auf, gegen die Aufständischen vorzugehen. Schließlich wurden die Bauern 1525 von den landesherrlichen Truppen besiegt.

### 30 Jahre Krieg verändern Europa
Aus der engen Verbindung von konfessionellen und politischen Spannungen entbrannte 1618 der Dreißigjährige Krieg. Auslöser war der „Prager Fenstersturz“, eine Protestaktion evangelischer Adliger in Böhmen gegen die Beschränkung ihrer Religionsfreiheit. Viele europäische Länder beteiligten sich am Krieg, bei dem weite Gebiete des Reiches schwer verwüstet wurden und die Bevölkerungszahl in vielen Regionen um die Hälfte zurückging. Anders als in den Schlachten des Mittelalters wurden in diesem Krieg alle Bevölkerungsgruppen für die Unterstützung der Armeen herangezogen. Auch die Ausdehnung des Krieges über ganz Mitteleuropa war für die Menschen neu.
Der Dreißigjährige Krieg wurde 1648 durch den Westfälischen Friedensvertrag beendet. Die Kriegsfolgen spürte die Bevölkerung noch viele Jahre lang. Die politischen Machtverhältnisse in Europa veränderten sich: Neue Staaten entstanden (Schweiz, Niederlande), und die Landesherren gewannen gegenüber dem Reich ihre weitgehende Unabhängigkeit.

# 3. Kommunikationsmedien gestern und heute

Die mittelalterliche Ständegesellschaft kann – mit einem modernen Begriff formuliert – in verschiedene Öffentlichkeiten eingeteilt werden: Burg, Stadt, Dorf, Kloster, Kirche. Innerhalb dieser Bereiche und zwischen ihnen gab es verschiedene „menschliche Kommunikationsmedien“: Hofnarren, Sänger, Erzählerin, Magister, Prediger, Theaterakteure. Das (handgeschriebene) Buch spielte hingegen keine besondere Rolle. Das änderte sich grundlegend, als Johannes Gutenberg, den Buchdruck erfand. Von diesem „revolutionären“ Ereignis wird häufig eine direkte Linie zur so genannten digitalen Revolution in unserer Zeit gezogen. Geräte wie Computer, Scanner und Digitalkamera haben eine weite Verbreitung gefunden und beeinflussen das Leben der Menschen in vielen Bereichen.

**Folgende Fragen leiten dich durch das Kapitel:**

- ***Welche Auswirkungen hatte die Erfindung Gutenbergs in der frühneuzeitlichen Gesellschaft auf die Kommunikation der Menschen untereinander?***
- ***Welche Folgen der „digitalen Revolution“ können vermutet werden?***
- ***Wie lässt sich die gegenwärtige Entwicklung im Vergleich zur „Gutenberg-Revolution“ beurteilen?***

---

**1** Beschreibe die Abbildungen und stelle sie in einen Zusammenhang.

**2** Erörtert gemeinsam, wie sich ein Wandel der Medien auf das Leben der Menschen auswirken könnte.

*Regie-Raum eines TV-Senders, Foto, undatiert*

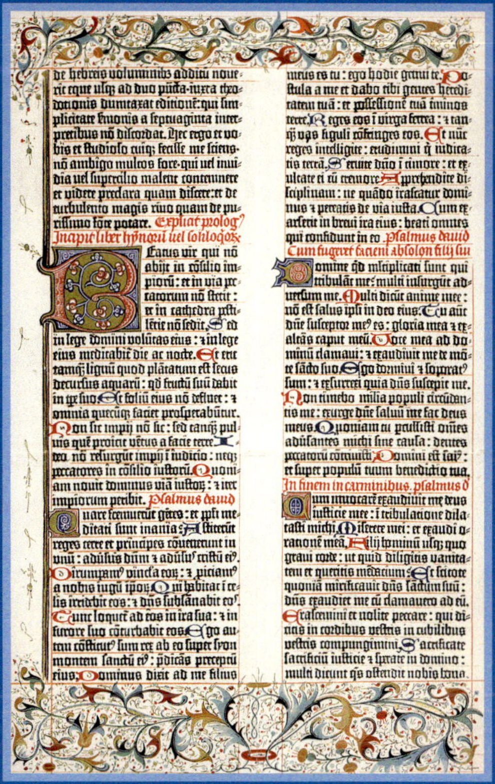


Abbildung aus der Gutenberg-Bibel, ca. 1454

Gedrucktes Flugblatt über die Neuheit des Postboten, Mitte 17. Jh.

# Die Erfindung des Buchdrucks und die „digitale Revolution"

**Wissen • Urteilen • Handeln • Methoden anwenden**

Am Ende dieses Unterkapitels kannst du

- die Erfindung des Buchdrucks durch Gutenberg darstellen und gegenüber älteren Medien abgrenzen
- Folgen der „Medienrevolution" für die Menschen in der Frühen Neuzeit erläutern und Kritik daran bewerten
- die gegenwärtige Digitalisierung und Globalisierung der Medien mit denen der Frühen Neuzeit vergleichen und in ihren Folgen beurteilen

## Nutzung des Internets 2005

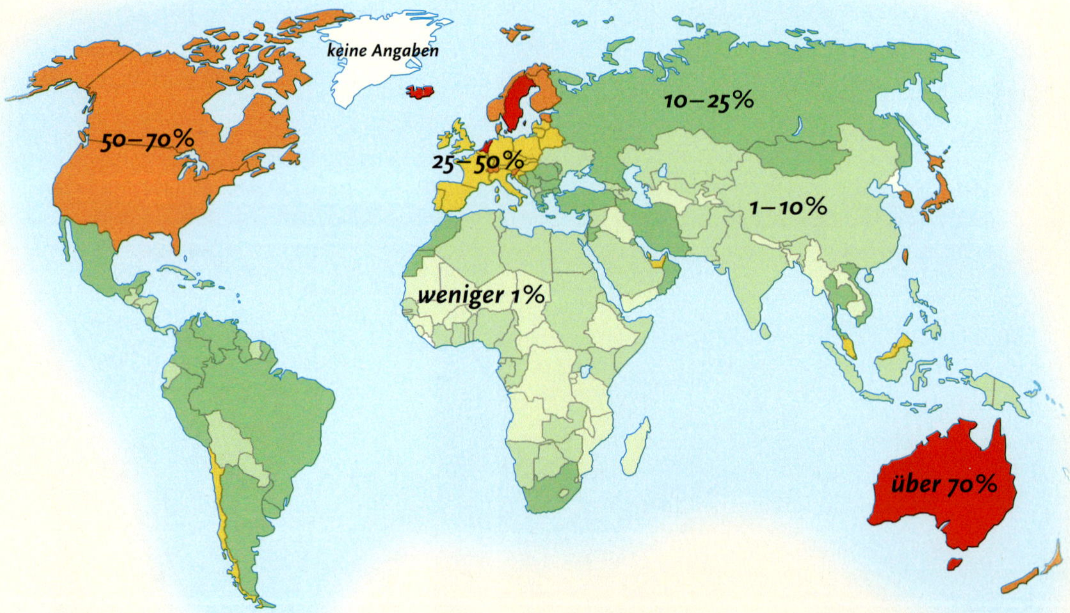


| 1400 bis 1830 | 1830 bis 1900 | 20. Jahrhundert | seit Beginn des 21. Jh. |
|---|---|---|---|
| Druckmedien | Druckmedien und elektronische Medien (Foto, Film, Telefon) | Dominanz der elektronischen Medien | Übergang von elektronischen zu digitalen Medien |

# Der Buchdruck – eine „Medienrevolution“?

M1

**Druckerwerkstatt,** Kupferstich, 16. Jh. Für den Druckvorgang waren immer mehrere Personen zuständig. Bücher wurden nicht Seite für Seite gedruckt, sondern viele Seiten nebeneinander auf einem großen Bogen, der dann auseinandergeschnitten wurde.

### Medienwandel in der Frühen Neuzeit

Die Menschen der Antike und des Mittelalters schrieben Bücher mit der Hand ab. Im 14. Jahrhundert lernten die Europäer ein chinesisches Druckverfahren kennen, bei dem seitenweise Schriftzeichen in Holztafeln eingeschnitzt und gedruckt wurden. Johannes Gutenberg (um 1397–1468), ein Mitglied der Mainzer Goldschmiedezunft, entwickelte ein ganz neues Verfahren: das Drucken mit einzelnen beweglichen Lettern aus einem Blei-Zinn-Gemisch und einer Druckerpresse. Gutenbergs Drucktechnik verbreitete sich innerhalb von zehn Jahren in ganz Europa. Zunächst wurden hauptsächlich theologische und juristische Bücher hergestellt – Gutenbergs erstes gedrucktes Buch war eine Bibel (1455) –, doch immer stärker drängten naturwissenschaftliche, historische oder philosophische Werke auf den Markt. Aktuelle Nachrichten fanden nun durch Flugblätter, die mit Holzschnitten illustriert waren, ihre Verbreitung. Wichtig für den Medienwandel waren auch die Entwicklung der Papiermacherei in Italien, die ersten Papiermühlen in Deutschland im 14. Jahrhundert und die Gründung der Post durch Franz von Taxis (1490).

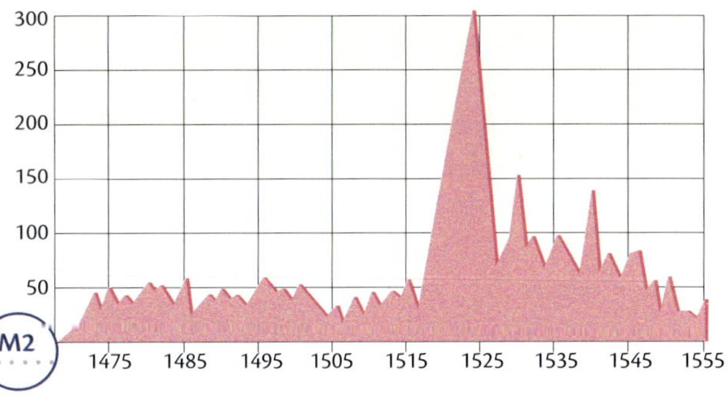


M2

**Anzahl der pro Jahr in Augsburg erschienenen Drucke 1465 bis 1555**

1. Skizziere mithilfe von M1 die Buchherstellung im 16. Jahrhundert. Ordne dabei folgende Tätigkeiten den Nummern in M1 zu: Setzen, Sortieren, Korrektur lesen, Trocknen, Drucken, Schwärzen, Einlegen.
2. Beschreibe anhand des Darstellungstextes den Wandel der Informationsvermittlung in der Frühen Neuzeit.
3. Kläre anhand von M2, welche Ursache die Veränderung der Anzahl der Drucke nach 1500 haben könnte. Lies im Kapitel 2 nach.

# Neue Medien in der Frühen Neuzeit

### „Medienrevolution“ und Reformation

Reformation und Gegenreformation lassen die politische, gesellschaftliche und kulturelle Bedeutung der neuen Medien, die auf der Technik des Buchdrucks beruhten, besonders deutlich werden. Die traditionellen Medien, wie der Prediger, erlebten in der Reformationszeit zwar einen starken Aufschwung, wurden jedoch zunehmend an die Druckmedien, wie Bibel und religiöse Schriften, gebunden. Die Predigt wurde zur Auslegung der Bibel. Das Druckmedium Blatt, in der Sammlung als Gesangbuch, übernahm die Funktion des Speicherns und der Weitergabe religiöser Lieder.
Vielleicht das wichtigste Medium der Reformation war die Flugschrift, eine aus mehreren Blättern bestehende Druckschrift. Sie wurde als Massenkommunikationsmittel verwendet und hatte eine propagandistische Funktion. Für die Zeit zwischen 1518 und 1525 werden etwa 3 Millionen Exemplare angenommen. Noch fehlende Lesefähigkeit in weiten Teilen der Bevölkerung, vor allem auf dem Land, wurde durch das Vorlesen ersetzt. Dadurch war die Verbreitung durchaus standesübergreifend und an die gesamte Gesellschaft gerichtet. Die Vertreter der Gegenreformation setzten dagegen noch verstärkt auf den Prediger und auf das Theater, z. B. auf das Jesuitendrama. Zielgruppen waren der Klerus, der Adel und gebildete Schichten, weniger das „einfache Volk“.

M1

### „Gedrucktes … wie lange wird es halten?“

**Der Abt Johannes Trithemius schrieb 1494:**

Geschriebenes, wenn man es auf Pergament bringt, wird an die tausend Jahre Bestand haben; Gedrucktes aber, da es auf Papier steht, wie lange wird es halten? Wenn Gedrucktes in einem Band aus Papier 200 Jahre Bestand haben wird, wird es hoch kommen, indessen gibt es viele, die der Meinung sind, dass durch den Stoff an sich der Druck sich verbrauche. Das wird die Zukunft entscheiden. Aber wenn auch viele Bücher gedruckt vorliegen sollten, so werden sie doch niemals in dem Umfang gedruckt werden, dass man nicht immer etwas zum Schreiben finden könne, was noch nicht gedruckt ist … Wer dem Buchdruck zuliebe die Tätigkeit des Handschreibens aufgibt, ist kein echter Freund des handschriftlich Tradierten: da er höchstens den Blick auf die Gegenwart richtet, sich aber keine Mühe gibt, die Nachfahren zu erbauen … Mit geschriebenen Büchern nämlich lassen sich gedruckte niemals auf die gleiche Stufe stellen. Denn um die Rechtschreibung und sonstige Ausstattung der Bücher kümmern sich die Drucker gewöhnlich nicht. Wer aber abschreibt, verwendet darauf große Mühe.

Johannes Trithemius, De laude scriptorum, 1494, zit. nach Stephan Füssel, Gutenberg und seine Wirkung, Darmstadt (Wissenschaftliche Buchgesellschaft) 1999, S. 73.

M2

**Der Plakatkleber,** Lithographie von Carle Vernet, um 1820. Die Wand gehört als Informations-(Massen-)medium zu den ältesten Medien (bemalte Höhlenwände aus der Vorgeschichte, bemalte Wände mittelalterlicher Kirchen, Fassadenmalerei an bürgerlichen Rathäusern) mit dekorativer, ästhetischer, belehrender, informativer oder werbender Funktion. Wand und Plakat werden als „symbiotisches Medium“ gesehen.

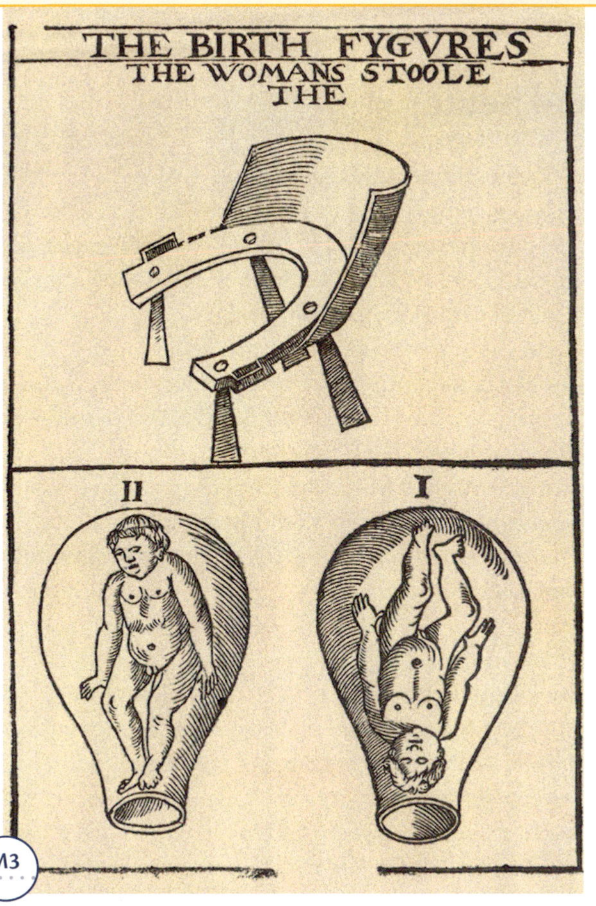


M3

**Anleitung zur Geburtshilfe,** 1513. Aus einem Hebammen-Ratgeber des Stadtarztes von Frankfurt und Worms, Eucharius Rößlin. Neben theologischen und wissenschaftlichen Fachbüchern für die Universitäten fanden Ratgeber und Sachbücher in der Bevölkerung eine rasche Verbreitung. Da sich die Ärzte allgemein nicht um Geburten kümmerten, war eine Geburtshilfe ein wichtiger Ratgeber für Hebammen.

1 Beschreibe M2 und stelle einen Zusammenhang mit der Gutenberg-Erfindung her.

2 Zeige am Beispiel von Reformation und Gegenreformation die Bedeutung der neuen Druckmedien wie Blatt und Flugschrift auf (Darstellungstext).

3 Setze dich kritisch mit den Thesen in M1 auseinander.

4 Erörtere die Bedeutung von M3 für Aufklärung und Bildung der Bevölkerung. Lies im Kapitel 2 nach.

5 a) Erstelle anhand von M4 eine Liste der neuen Medien und notiere ihre jeweilige Funktion.

b) Entwirf ein Schaubild, in dem du Zusammenhänge zwischen den Medien und Veränderungen in Gesellschaft und Wirtschaft darstellst. Ziehe Kapitel 2 heran.

M4

## Medienwandel im 15. und 16. Jahrhundert

Der Medienwissenschaftler Werner Faulstich schrieb 2006:

Die wichtigsten Medien dieser Epoche waren der *Brief* (erst als handschriftliche Mitteilung, dann als gedruckter Ablassbrief und schließlich als Vorform der Zeitung); das *Flugblatt* im politischen Bereich; die *Flugschrift* im religiös-kirchlichen Sektor; der *Kalender* auf dem Land; und – gesamtgesellschaftlich – die *Zeitung* ... Indem traditionelle Medien ihre Funktionen an neue Medien abgaben, verloren sie vielfach ihren genuinen [echt, rein] Mediencharakter und bildeten sich zurück ... Was sich änderte, waren einmal die Medien selbst und dann vor allem ihre zentralen Funktionen ... Neue Leitbilder waren angesagt: der individuelle Künstler, der singuläre Händler und Unternehmer, der Erfinder und Entdecker, der einzelne Gläubige in seiner direkten persönlichen Beziehung zu Gott, der absolutistische Herrscher und Fürst, nicht zuletzt auch der frühbürgerliche Zeitungsleser ... Der *Brief* schließlich, längst Medium individueller Korrespondenz oder privat-intimer Kommunikation, wurde in Gestalt des lateinischen Humanistenbriefs für eine begrenzte Zeit zum Schlüsselmedium für den Meinungsaustausch der Renaissance-Gelehrten ...
Die Ausweitung des Fernhandels, die Erschließung neuer Märkte, die Ausbildung internationaler Messen und die Entstehung weit ausgreifender Handelsgesellschaften ... erforderten ein Kommunikationssystem, das mit einem auf Teilöffentlichkeit beschränkten Botenwesen allein nicht mehr zu bewältigen war ... Mit diesem neuen Bedarf entwickelte sich der Handels- und Kaufmannsbrief ... Schließlich institutionalisierte sich zur Wende vom 15. zum 16. Jahrhundert die Post als privatkapitalistisches Gewerbe ... Auf der Grundlage neuer Wegkarten entstand ein europaweit funktionierendes Netz für den Brief-, Zeitungs- und Personentransport mit Relaisstationen alle fünf Meilen.

Werner Faulstich, Mediengeschichte von den Anfängen bis 1700, Göttingen (Vandenhoeck & Ruprecht) 2006, S. 123 ff.

# Kommunikationsmedien – gestern und heute

Der Philosoph Karl Popper (1902–1994) hat in einem Vortrag ein berühmt gewordenes Gedankenspiel angestellt:
„Experiment 1. Alle unsere Maschinen und Werkzeuge werden zerstört, ebenso unser ganzes subjektives Wissen einschließlich unserer subjektiven Kenntnis der Maschinen und Werkzeuge und ihres Gebrauchs. Doch die Bibliotheken bleiben erhalten sowie unsere Fähigkeit, aus ihnen zu lernen. Es ist klar, dass unsere Welt nach vielen Widrigkeiten wieder in Gang kommen kann.
Experiment 2. Wie vorhin werden Maschinen und Werkzeuge zerstört sowie unser subjektives Wissen einschließlich unserer subjektiven Kenntnis der Maschinen und Werkzeuge und ihres Gebrauchs. Aber dieses Mal werden alle Bibliotheken ebenfalls zerstört, sodass unsere Fähigkeit, aus Büchern zu lernen, nutzlos wird. Im zweiten Fall wird unsere Zivilisation jahrtausendelang nicht wieder erstehen."

### Die Erfindung des Buchdrucks

Johannes Gutenberg entwickelte in jahrelanger Arbeit ein Druckverfahren mit beweglichen Lettern. Diese Drucktechnik verbreitete sich in kürzester Zeit in ganz Europa. Das Verfahren wurde nicht nur für den Buchdruck genutzt, sondern auch für die Verbreitung aktueller Nachrichten, z. B. durch Flugblätter. Ratgeber und Sachbücher fanden rasche Verbreitung.
Mit dem neuartigen Druckverfahren wuchsen bzw. entstanden weitere Industrien im Bereich der Papierherstellung. Ebenso regte der Medienwandel die Entstehung von Dienstleistungen an, wie z. B. das Postgewerbe.

### Neue Medien und Reformation

Die bedeutendsten Medien des 15. und 16. Jahrhunderts waren der Brief, das Flugblatt, die Flugschrift, der Kalender und die Zeitung.
Die Druckmedien ergänzten im kirchlichen Bereich das mündliche Wort, die Predigt, durch Text- und Liedblätter. Wo es an Lesefähigkeit fehlte, wurde sie durch das Vorlesen ersetzt. Druckschriften erreichten so alle gesellschaftlichen Gruppen, also auch das so genannte einfache Volk.
Zeitgenössische Kritik gegen das Gedruckte richtete sich gegen die vermutete geringere Haltbarkeit des Papiers im Vergleich zum Pergament und gegen die Flüchtigkeit und Oberflächlichkeit des Gedruckten gegenüber dem Handgeschriebenen.
Gedrucktes war zugleich Ausdruck der „neuen Zeit", der Renaissance und des Humanismus, in der z. B. der Brief das zentrale Medium für den Gedanken- und Meinungsaustausch der Gelehrten war.
In der Wirtschaft wurde der Handels- und Kaufmannsbrief zum wichtigsten Kommunikationsmedium. Es entstand ein europaweit ausgerichtetes Kommunikationsnetz für den Brief-, Zeitungs- und Personentransport.

### Die „digitale Revolution" – ein Ausblick

Mit der Erfindung und globalen Verbreitung der modernen Medien wie Fernsehen, Computer und Internet sehen Wissenschaftler das Ende der „Epoche des Buches", der „Gutenberg-Galaxie", gekommen. Positiv werden im Allgemeinen die umfassenden Informationsmöglichkeiten, die Geschwindigkeit des Informationsaustauschs und die Möglichkeiten für Kontakte und Kommunikation gesehen.
Andere kritisieren dagegen die Informationsüberflutung, die Oberflächlichkeit der Informationen und die Gefahren, das Internet zu unsittlichen und ungesetzlichen Zwecken zu nutzen.
Aus der Sicht von Erziehungswissenschaftlern wird u. a. bemängelt, dass sich durch die neuen Kommunikationsmedien unser Verhältnis zur Wirklichkeit verändere: Das Internet verführe zur Flucht in künstliche Welten und berge die Gefahr, die Wirklichkeit anders wahrzunehmen, als es durch die „originale Begegnung" geschehe. Viele Fragen, z. B. ob und wie sich unsere Sicht der Wirklichkeit und unsere Beziehungen zu anderen Menschen durch die digitalen Medien verändern, sind bisher noch nicht zu beantworten.

## Geschichte der Medien – ein Überblick

2800 v. Chr.

### Archaische Periode

**Mensch als Medium:**
- Leitmedium Frau (Göttin, Mutter, Heilige), Fest, Opferritual, Tanz, Priester

**Gestaltungsmedien:**
- Wand als erstes Schreibmedium; Relief, Pyramide, Stele

2500 v. Chr.

### Hochkulturelle Periode

**Mensch als Medium:**
- Schamane, Lehrer, Sänger, Seherin; Fest, Theater, Tanz

**Gestaltungsmedien:**
- Wand, Brief, Rolle, Tafel, Kodex (Schreib-, Gesetzestafel), Ostrakon (Scherbe)
- Zunahme der Schreibmedien

800

### Christliches Mittelalter

**Mensch als Medium:**
- Magister, Sänger, Hofnarr, Erzähler

**Gestaltungsmedien:**
- Wand, Brief, Buch, Blatt, Glasfenster (Kathedrale)

1400

### Frühe Neuzeit/Bürgerliche Gesellschaft

**Vorrang der Druckmedien vor den „Menschmedien":**
- Zeitung, Blatt, Buch, Plakat, Flugschrift, Kalender, Brief

1830

### Industrielle Gesellschaft

**Ergänzung der Druckmedien durch elektronische Medien:**
- Fotografie, Film, Telegraf, Telefon, Schallplatte
- Reproduktion von Wirklichkeit als Pseudo-Wirklichkeit

1900

### Die neue elektronische Welt

**Dominanz der elektronischen Medien:**
- Fernsehen als Leitmedium; Fotografie, Film, Telefon/Handy, Tonträger, Radio, Video
- ökonomische und politische Funktion der Medien

2000

### Ausblick: Globalisierung und Digitalisierung

**Übergang von den elektronischen zu den digitalen Medien:**
- Schlüsselmedium: Computer; Multimedia, World Wide Web, Netzwerke, E-Mail

2100

**Im Lexikon werden Fremdwörter,** Ereignisse und historische Begriffe erläutert. Sie sind in den Darstellungstexten dieses Buches mit einem * versehen. Die Begriffe, die auf den Themenseiten in Kästen erklärt sind, haben einen Verweis auf die jeweilige Seite.

## A

**Ablass,** Erlass zeitlicher Sündenstrafen. Christus und die Heiligen haben nach Auffassung der mittelalterlichen Kirche einen „Überschuss" an Verdiensten um die Menschen erworben. Die Kirche verteilt und verwaltet diesen Schatz, denn die Gläubigen können durch Gebete und „gute Werke" Teile des Schatzes erwerben und dadurch die zeitlichen Strafen für die eigene Sündenlast verringern. Seit dem späten Mittelalter (14./15. Jh.) war es üblich geworden, dass Päpste oder Kirchenfürsten den „Gnadenschatz" mithilfe von käuflichen Ablasszetteln in bares Geld für den eigenen Bedarf umwandelten. Luther vertrat hingegen die Auffassung, dass die Gnade Gottes als Voraussetzung für die ewige Seligkeit nicht durch „gute Werke", sondern nur durch den richtigen Glauben erreicht werden könne.
**Altamerika,** Amerika vor 1492, d. h. vor der Eroberung durch die Europäer.

## D

**Deutsche Ostsiedlung,** siehe S. 25
**Deutscher Orden,** 1190 in Jerusalem als Krankenpflegerorden gegründet, wurde er 1198 in einen Ritterorden umgewandelt. 1225 rief Herzog Konrad von Masowien die Deutschherren gegen die heidnischen Preußen zu Hilfe. Bis 1402 eroberten sie das Land der Pruzzen über Danzig bis Estland und gründeten den Deutschen Ordensstaat. Dann kamen in Kriegen gegen die Litauen und Polen Niederlagen wie in der Schlacht bei Tannenberg 1410. 1525 schloss sich der letzte Hochmeister des Ordens der Reformation an und verwandelte den Ordensstaat in das weltliche Herzogtum Preußen.

## E

**Encomendero,** span. Bezeichnung für Landbesitzer in den amerikanischen Kolonien, der sein Land von Hörigen bewirtschaften ließ.
**Entdeckungen,** siehe S. 55

## F

**Frühkapitalismus,** siehe S. 45

## G

**Geldwirtschaft,** im frühen Mittelalter tauschten Menschen ihre Erzeugnisse gegenseitig aus (= Tausch- oder Naturalwirtschaft), sodass Geld kaum eine Rolle spielte. Seit dem 12. Jh. nahm mit dem Aufschwung der Städte und des Handels die Bezahlung mit Geld immer mehr zu. Am meisten verbreitet war der silberne Pfennig, von dem 12 einen Schilling ergaben: 20 Schillinge waren ein Pfund. Viele Städte und Fürsten besaßen das Recht, eigene Münzen zu prägen (Münzrecht); dadurch entstanden zahlreiche unterschiedliche Währungen, die den Handel erschwerten. Seit dem 13. und 14. Jh. erlangten der silberne Heller und der goldene Gulden allgemeine Gültigkeit im Deutschen Reich. Mit der Einführung des Talers versuchte das Reich im 16. Jh. eine Münzvereinheitlichung. Papiergeld gab es erst vom 18. Jh. an.

## H

**Humanismus,** siehe S. 47

## I

**Inquisition,** lat. Bezeichung für eine gerichtliche Untersuchung. Im engeren Sinne versteht man unter Inquisition die Gerichte der katholischen Kirche, die seit dem 13. Jahrhundert die Ketzer und später auch die „Hexen" verfolgten.

## K

**Ketzer,** das Wort Ketzer stammt vom Wort „Katharer" (griech. katharós = rein). So nannte sich eine Glaubensgemeinschaft, die im 12. Jahrhundert in Oberitalien und im Gebiet um die südfranzösische Stadt Albi (dort: „Albigenser") entstand. Die Grundsätze der Katharer widersprachen der Kirchenlehre und beruhten auf einem ganz eigenen Bibelverständnis. In Mitteleuropa wurde aus dem Wort Katharer der Begriff Ketzer. „Ketzer" bezeichnete seit dem 12. Jahrhundert alle Personen, die nicht an die offizielle Lehre der Kirche glaubten und dafür verfolgt und bestraft wurden. Der Begriff wurde verallgemeinert und wird heute auf Menschen angewandt, die sich gegen geltende Meinungen auflehnen.
**Kolonialismus/Kolonialherrschaft,** Errichtung von Handelsstützpunkten und Siedlungskolonien in militärisch und politisch schwächeren Ländern (vor allem Asien, Afrika und Amerika) sowie die Inbesitznahme durch überlegene Staaten (insbesondere Europas) seit dem 16. Jahrhundert.
**Konfession** (von lat. confessio = Geständnis, Bekenntnis), als Konfessionen werden heute die durch ein gemeinsames Glaubensbekenntnis geeinten Mitglieder verschiedener Kirchen bezeichnet. Meist wird hier grob zwischen katholisch und evangelisch getrennt. Es gibt jedoch zahlreiche weitere Untergruppen von Evangelischen, z. B. Lutheraner und Reformierte (Calvinisten, Zwinglianer).
**Konzil von Trient,** siehe S. 70
**Kreuzzug,** siehe S. 21

## L

**Landesherr** ist ein Herr über ein fest umrissenes Gebiet (= Territorium) des Reiches. Seit dem 11. Jh. entstand im Reich durch Zusammenfassung der verschiedenen Herrschaftsrechte die Herrschaft über ein Gebiet. Während sich vor dem Aufkommen der Landesherren Herrschaft in erster Linie auf Personen, unabhängig von deren Wohnsitz, richtete (Lehnswesen), sind nun die Bewohner eines Territoriums der Gewalt des Landesherrn unterworfen (Gerichtsbarkeit, Verwaltung). Jeder Landesherr (z. B. ein Graf oder Herzog) musste sich beim Ausbau seiner Herrschaft gegen benachbarte Herren durchsetzen, die dasselbe Ziel verfolgten. Vom 13. Jh. an gelang es großen Herren, sich wichtige Befugnisse vom König übertragen zu lassen oder an sich zu reißen.

## M

**Manufaktur** (von lat. manus = Hand, factura = das Machen), sie ist eine Übergangsform von einem Handwerksbetrieb zu einer Fabrik.
**Mittelalterliche Weltbilder,** siehe S. 9

## N

**nautische Kenntnisse,** für die Seefahrt notwendige Kenntnisse.

## P

**Protestanten,** auf dem Reichstag zu Speyer (1529) erhoben die evangelischen Reichsstände und Anhänger Luthers Einspruch gegen den Beschluss, das Wormser Edikt und damit die Verfolgung Luthers als Ketzer durchzusetzen. Seit diesem Einspruch ist die Bezeichnung Protestanten für die Anhänger der reformatorischen Lehre üblich.

## R

**Reformation,** siehe S. 68
**Reichsacht,** die Verhängung der Reichsacht im Mittelalter durch den Kaiser bedeutete, dass der Geächtete im ganzen Reich aus der Gemeinschaft ausgeschlossen war, weder unterstützt noch aufgenommen und von jedem straflos getötet werden durfte. Verhängt wurde die Strafe bei Landfriedensbruch, Nichtbefolgung einer Vorladung oder Nichtzahlung von Steuern. Meist ging die Acht mit dem Kirchenbann einher.
**Reichstag,** im Mittelalter rief der deutsche König die Vertreter der Reichsstände (Reichsfürsten, Vertreter der Reichs- und Bischofsstädte) zu Hoftagen zusammen. Diese in unregelmäßigen Abständen vom König einberufene Versammlung wurde seit 1495 Reichstag genannt. Seit 1663 trat der Reichstag als ständiger Kongress, als „Immer währender Reichstag" zusammen. Seine Kompetenzen waren nicht eindeutig festgelegt, er beschäftigte sich aber mit Reichsgesetzen und -steuern, Entscheidungen über Krieg und Frieden und dem Heereswesen.
**Renaissance,** siehe S. 37

## S

**Stände,** im Mittelalter und in der Frühen Neuzeit bestimmte die Geburt, zu welchem gesellschaftlichen Stand ein Mensch gehörte. Während sich im frühen Mittelalter die Gesellschaft in Adlige sowie Freie und Unfreie teilte, setzte sich die Kirche seit dem 11. Jahrhundert mit ihrer „Dreiständelehre" (Klerus, Adel und Bauern) durch. Im Laufe des Mittelalters kamen die Bürger in den entstehenden Städten zum dritten Stand hinzu. Zu keinem Stand gehörten z. B. Arme, Tagelöhner und die Minderheit der Juden. Die Zugehörigkeit zu einem Stand galt als gottgewollt. Sie bestimmte den Zugang zu Berufen, Rechten und Bildungsmöglichkeiten, aber auch die Möglichkeiten politischer Macht. Nur in seltenen Ausnahmefällen konnte man in einen anderen Stand wechseln. Ein wichtiges Merkmal einer ständischen Gesellschaft ist die große politische und soziale Ungleichheit zwischen den einzelnen Ständen.

## T

**Territorium** → Landesherr

## V

**Verlag/Verleger,** im Verlag leitet ein Händler (Verleger) oder eine Handelsgesellschaft die Herstellung eines Produkts und dessen Verkauf. Er „legt" die Materialien und Arbeitsgeräte „vor", die für die Produktion einer Ware notwendig sind, und beauftragt Handwerker oder Heimarbeiter (oft ganze Familien) mit der Anfertigung der Waren. Für ihre Arbeit bekommen die Familien nur sehr wenig Geld.

## W

**Westfälischer Friede,** siehe S. 71

## Übersicht über die Methoden aus Band 1 und 2



## Die Methoden aus Band 1:

## Informationen beschaffen

### In einer Bibliothek Informationen sammeln

Arbeitsschritte

**1. Schritt: Besuch vorbereiten**
Am besten vereinbart ihr mit der Bibliothek einen Termin. Viele Bibliotheken bieten an, im Rahmen einer Führung die Arbeit mit dem Katalog und das Verfahren der Bücher- bzw. Medienausleihe zu üben.

**2. Schritt: Im Katalog suchen**
Der Katalog ist ein Verzeichnis, in dem alle Bücher und anderen Medien der Bibliothek verzeichnet sind. Die meisten Bibliotheken haben einen virtuellen Katalog, in dem man am Computer suchen kann. Am Bildschirm kannst du zum Beispiel ein Stichwort, den Namen des Verfassers oder einen bestimmten Titel eingeben. Wenn du Bücher zu einem Thema suchst, gibst du ein passendes Stichwort ein, z. B. „Reformation“ und erhältst eine Liste von Büchern. In manchen Büchereien gibt es noch Kataloge mit Karteikarten.

**3. Schritt: Informationen festhalten**
Bücher und andere Medien musst du nach einer bestimmten Zeit zurückgeben. Notizen, Fotokopien oder Skizzen aus den Büchern solltest du deshalb nach Stichwörtern ordnen und zum Beispiel in einem Hefter sammeln.

## Einen Lehrbuchtext erschließen

**Arbeitsschritte**

### 1. Schritt: Thema des Textes
- Worüber berichtet der Text?
- Wie lässt sich das Thema kurz formulieren (Überschrift)?

### 2. Schritt: Aufbau des Textes
- Wie ist der Text gegliedert?
- Welche Überschriften lassen sich für die Abschnitte finden?

### 3. Schritt: Inhalt des Textes
- Welche unbekannten Wörter muss ich klären?
- Welche Schlüsselwörter enthält der Text?
- Wie lautet die Kernaussage?
- Welche Einzelinformationen liefert der Text?

### 4. Schritt: Inhalt zusammenfassen
- Wie kann der Inhalt knapp und treffend zusammengefasst werden?

## Das Internet nutzen

**Arbeitsschritte**

### 1. Schritt: Suche durchführen
Du lässt zunächst eine Internet-Suchmaschine nach einem Stichwort suchen. Solche Suchmaschinen sind zum Beispiel Altavista (www.altavista.de), Google (www.google.de) oder die spezielle Kinder-Suchmaschine www.blinde-kuh.de. Wenn du die Internetadresse eingibst, erscheint eine Startseite mit einem Suchfeld, in das du den Begriff schreibst, über den du dich informieren möchtest.

### 2. Schritt: Suchabsicht festlegen
Damit du nicht planlos im Internet surfst, solltest du vorher genau festlegen, worüber du Informationen finden möchtest. Du erhältst mithilfe der Suchmaschine eine Auswahl von Internetadressen. Meist ist aber die Zahl der „Treffer" sehr hoch, sodass du zuerst einmal einen Überblick bekommen musst, welche Internetseiten für dich Interessantes bieten.
Lies also zuerst die Überschriften und die Kurzerläuterungen in der Liste und überlege, welche Adressen für dich brauchbar sind.

### 3. Schritt: Ergebnisse ordnen
Wenn du entschieden hast, dass eine Webseite für dich interessant sein könnte, liest du dort die angebotenen Informationen. Achte dabei aber nicht nur auf die Bilder und Texte, sondern prüfe auch, wer die Seite verfasst hat. Handelt es sich um ein Unternehmen, das nur ein Produkt verkaufen will? Stehen die Informationen auf einer privaten Homepage oder sind es Veröffentlichungen einer Gemeinde, einer staatlichen Einrichtung (z. B. Museum, Universität)?

### 4. Schritt: Informationen speichern
Wenn du über das Wissen, das du durch deine Internetsuche neu erworben hast, länger verfügen willst, musst du die Informationen in geeigneter Weise speichern: Du kannst z. B. auf deinem PC die Adressen interessanter Webseiten als Favoriten sammeln, Texte und Bilder als Dateien speichern oder ausdrucken. Manchmal ist es auch sinnvoll, sich handschriftliche Notizen zu machen.

## Texte, Bilder, Karten, Kunstwerke untersuchen

### Eine Bildquelle entschlüsseln

**Arbeitsschritte**

**1. Schritt: Die Einzelheiten des Bildes erfassen**

Beschreibe die Einzelheiten des Bildes, indem du folgende Fragen beantwortest:
- Welche Personen sind dargestellt?
- Wie sind sie gekleidet?
- Welche weiteren Gegenstände oder Tiere sind zu sehen?
- Wo befinden sich die Personen und Gegenstände?

**2. Schritt: Die Zusammenhänge erklären**

Erkläre, in welcher Beziehung die abgebildeten Personen, Tiere oder Gegenstände zueinander stehen. Findest du Merkmale, die auf bestimmte Eigenschaften, Beruf, gesellschaftliche Stellung der dargestellten Personen hinweisen?

**3. Schritt: Zusätzliche Informationen über das Bild heranziehen**

In der Bildlegende findest du wichtige Hinweise. Sie gibt dir Auskunft darüber, wer wann für wen warum ein Bild gemalt hat. Manchmal hat das Bild auch einen Titel.
Weitere Fragen lassen sich oft durch eine zusätzliche Textquelle klären.

### Mit Geschichtskarten arbeiten

**Arbeitsschritte**

**1. Schritt: Das Thema einer Karte ermitteln und Fragen stellen**

In der Regel haben Karten eine Überschrift, die das Thema der Karte angibt. Die Überschrift enthält fast immer eine Angabe über den dargestellten Zeitpunkt oder Zeitraum. Manche Karten zeigen zum Beispiel, wie die Landschaft ausgesehen hat, andere geben Auskunft über Städtegründungen, die Landwirtschaft oder die Bevölkerung eines Gebietes.
Wenn du dich über das Thema und die Zeitangabe orientiert hast, stellst du Fragen, die du mit der Karte beantworten möchtest.

**2. Schritt: Die Kartenlegende deuten**

In der Kartenlegende werden alle Farben, Schattierungen und Zeichen erklärt, die auf der Karte zu sehen sind. Kartenlegenden sind nicht immer gleich ausführlich. Einige erklären sämtliche Kartenelemente, andere nur die Besonderheiten der gerade abgebildeten Karte.

**3. Schritt: Den Maßstab feststellen**

Wichtig für den Umgang mit Karten ist eine genaue Vorstellung von den dargestellten Entfernungen. Hier hilft die Maßstabsleiste weiter. Mit diesem Kartenelement kannst du zum Beispiel ermitteln, wie groß die Entfernung zwischen zwei Städten ist.

**4. Schritt: Die Aussagen der Karte zusammenfassen und die Fragen beantworten**

Beschreibe die Zeichen und die Farbgebung der Karte. Damit erhältst du eine Vorstellung von den Bedingungen in dem abgebildeten Gebiet. Stelle fest, wie die Geschichtskarte deine Fragen aus dem ersten Schritt beantwortet.

**5. Schritt: Weitere Informationen beschaffen**

Um beispielsweise genaueres Wissen über das Thema zu erhalten, kannst du dich in Reiseführern oder dem Internet informieren.

## Kunstwerke entschlüsseln

**Arbeitsschritte**

### 1. Schritt: Künstlerische Auswertung

- Was ist dargestellt? Aus welchem Material wurde das Kunstwerk geschaffen?
- Wie wirkt das Dargestellte auf mich? Warum gefällt es mir (nicht)? Was wirkt fremd, was kommt mir bekannt vor?
- Wie bildet der Künstler die Personen ab? Achte auf Einzelheiten des menschlichen Körpers und der abgebildeten Gegenstände.

### 2. Schritt: Historische Auswertung

- Wann, wo und für welchen Zweck ist das Kunstwerk entstanden? Beachte die Bildlegende.
- Welche Informationen vermittelt das Dargestellte über den Alltag der damaligen Zeit? Beachte z. B. die Kleidung, Frisur und Einrichtungsgegenstände.
- In welcher Beziehung stehen die dargestellten Personen zueinander?

## Schriftliche Quellen untersuchen

**Arbeitsschritte**

### 1. Schritt: Aufbau und Inhalt des Textes

- Wovon berichtet der Text? Stelle „W-Fragen“: Wer? Wo? Wann? Was?
- Schlage im Lexikon unbekannte Wörter nach.
- Wie ist der Text gegliedert? Suche bei längeren Texten nach treffenden Überschriften für die einzelnen Abschnitte.

### 2. Schritt: Verfasser/-in

- Welche Informationen besitzen wir über den/die Verfasser/-in?
- Hat der/die Verfasser/-in selbst erlebt, was er/sie aufgeschrieben hat?
- Ergreift er/sie Partei?
- Welche Absicht verfolgte der/die Verfasser/-in? Wollte er/sie etwas für die Nachwelt festhalten?

## Einen historischen Spielfilm untersuchen

**Arbeitsschritte**

### 1. Schritt: Beobachtungshinweise klären
- Was wird in der Szene dargestellt?
- Welche Personen treten auf?
- In welcher Beziehung stehen sie zueinander?
- Wie lässt sich die Umgebung beschreiben?
- Welche Handlung wird in der Abfolge der Bilder erkennbar?
- Welche Musik wird verwendet?

### 2. Schritt: Beobachtungen zusammenfassen
**Bildebene**
Handlungsort, Personen, Ereignisse, Farben, Licht
**Sprache**
Sprechweise (z. B. aggressiv, eingeschüchtert, sachlich, erzählend)
**Ton**
Wirkung der Musik? (z. B. untermalend, dramatisierend), besondere Geräusche?

### 3. Schritt: Zusätzliche Informationen über den Film heranziehen
- Wenn möglich, den Film mit den historischen Quellen bzw. den Aussagen von Historikern vergleichen: Ergebnisse aus dem Unterricht, Informationen aus Sachbüchern, im Filmlexikon, Filmkritik
- Im gemeinsamen Gespräch über den Film sprechen und Meinungen formulieren

## Eine historische Sachquelle untersuchen

**Arbeitsschritte**

### 1. Schritt: Die Sachquelle beschreiben
- Aus welchen Teilen (Elementen) besteht das Objekt?
- Wie sind sie miteinander verbunden?
- Aus welchen Materialien ist es hergestellt?
- Welchen Gesamteindruck macht das Objekt auf dich?

### 2. Schritt: Die Funktion der Sachquelle erkunden
- Wozu wurde das Objekt genutzt?
- Welche Hinweise ergeben sich aus ihm selbst?
- Welche liefert die Bildlegende (bzw. die Beschriftung im Museum)?
- Welche weiteren Informationen erhältst du (z. B. im Museum, aus Sachbüchern, Internet)?

### 3. Schritt: Die geschichtliche Bedeutung der Sachquelle erschließen
- Welche Rückschlüsse lässt die Sachquelle, z. B. auf seine Verbreitung und das Leben, Arbeiten, Wohnen der Menschen in jener Zeit, zu?
- Wie ist sie zeitlich einzuordnen?
- Welche Bedeutung hat sie für die weitere Entwicklung, z. B. der Technik, Wirtschaft, Kunst?

## Symbole und Gesten deuten

**Arbeitsschritte**

### 1. Schritt: Einzelne Elemente beschreiben

- Was ist dargestellt (Personen, Gegenstände)?
  In welchen Positionen (Haltungen), in welchen Bewegungen sind sie zu sehen?
- Wie lässt sich die Situation beschreiben?
- Was erscheint merkwürdig?

### 2. Schritt: Zusätzliche Informationen heranziehen

- Welche Hinweise gibt die Bildunterschrift?
- Welche Abbildungen gibt es, die Vergleichbares, Ähnliches zeigen? Welche Aussagen werden ihnen zugeschrieben?
- Welche Bedeutung würdest du der entsprechenden Geste, Gebärde, Handlung oder auch dem Gegenstand heute zuordnen?

### 3. Schritt: Bedeutung der Bildelemente entschlüsseln

- Welche Gegenstände oder Handlungen „sprechen für sich selbst“, kannst du also ohne Probleme erschließen? Was „sagen“ sie aus?
- Welche scheinen wichtig zu sein für die Aussage des Bildes? Woran erkennst du es?
- Inwiefern passen sie zu der Gesamtsituation oder wirken sie eher künstlich, aufgesetzt?

### 4. Schritt: Eine Gesamtdeutung formulieren

- Welche Einzelaussagen ergeben sich aus den Symbolen und Gesten?
- Welche Gesamtaussage lässt sich formulieren? Gibt es mehrere Deutungen?

## Schriftliche Quellen vergleichen

**Arbeitsschritte**

### 1. Schritt: Jede Quelle einzeln erschließen

Nimm dazu die Anleitungen im Anhang zu Hilfe.

### 2. Schritt: Glaubwürdigkeit der Texte überprüfen

- Wann sind die Texte geschrieben worden? Wie groß ist der zeitliche Abstand zwischen Ereignis und Bericht? Waren die Autoren Augenzeugen? Wenn nicht: Wen geben sie als Informanten an?
- Ist eine Wertung (durch die Autoren oder deren Informanten) zu erkennen?

### 3. Schritt: Inhalte vergleichen

- Welche Informationen stimmen überein?
- Gibt es Einzelheiten, die nicht in allen Texten erscheinen bzw. unterschiedlich genau oder ausführlich wiedergegeben werden?
- Was wird berichtet, ist es logisch oder enthält es Unstimmigkeiten?

### 4. Schritt: Weitere Informationen sammeln

Um die Aussagen der Texte zu überprüfen bzw. Fragen zu klären, musst du weitere Quellen und wissenschaftliche Informationen (z. B. Lexika, Sachbücher) heranziehen.

### 5. Schritt: Ergebnisse formulieren

Vergleiche die Notizen aus den einzelnen Arbeitsschritten miteinander. Ergänze dann die Ergebnisse durch Sachinformationen. Nenne die Widersprüche und Unklarheiten, die du bei der Textarbeit festgestellt hast und nicht beseitigen konntest.

## Informationen auswerten und darstellen

### Ein Rollenspiel gestalten

**Arbeitsschritte**

**1. Schritt: Die Ausgangslage auf eine Situationskarte schreiben**
Auf der Situationskarte wird festgehalten, welche Situation nachgespielt werden soll. Die Ausgangssituation wird kurz beschrieben. Welche Personen sind an dem Spiel beteiligt? Welche Probleme gibt es?

**2. Schritt: Rollen verteilen**
Auf den Rollenkarten werden die spielenden Personen beschrieben: Beruf, Eigenschaften, Verhalten und ihre Ziele. Diejenigen, die eine Rolle übernehmen, müssen sich an die Vorgaben ihrer Rollenkarten halten. Sie dürfen aber auch eigene Vorstellungen von der darzustellenden Person einbringen, sofern sie den Vorgaben nicht widersprechen.

**3. Schritt: Spiel vorbereiten**
Die Spielerinnen und Spieler hängen sich ein Schild mit ihrer Rollenkennzeichnung um. Sie besprechen die Situation (Situationskarte) und die Rollen (Rollenkarten) untereinander.

**4. Schritt: Spiel beobachten und auswerten**
Sinnvoll ist der Einsatz von Spielbeobachtern, die sich während des Spiels Notizen zu den einzelnen Rollen machen. Sie sollen das Spiel bewerten und ihre Meinung begründen. Wurden die Rollen glaubhaft gespielt? Welche Argumente wurden genannt? Passten sie in die Situation und die Zeit? Was war gut, was könnte verbessert werden?

### Schaubilder verstehen

**Arbeitsschritte**

**1. Schritt: Elemente der Abbildung erfassen**
- Welche Fachbegriffe werden verwendet und sind zu klären?
- Welche Zeichen sind zu erschließen (z. B. Pfeile, Farben)?

**2. Schritt: Den Aufbau untersuchen**
- Wie ist das Schaubild zu lesen (z. B. von unten nach oben, von links nach rechts, von der Mitte)?
- Wo ist der beste „Einstieg" in die Beschreibung des Schaubildes?

**3. Schritt: Den Inhalt erschließen und bewerten**
- Welche Informationen geben die einzelnen Elemente zur Machtverteilung, z. B.: Wer kann mitbestimmen, wer nicht?
- Sind die Elemente gleichgestellt; gibt es ein „Oben" und „Unten"?
- Lassen sich Grundaussagen, „Stärken" und „Schwächen", z. B. der Verfassung, formulieren?

**4. Schritt: Den historischen Zusammenhang einbeziehen**
- Welche weiteren Informationen zur Einordnung und Bedeutung des Schaubildes sind notwendig?

## Eine Mindmap entwerfen

**Arbeitsschritte**

### 1. Schritt: Hauptthema formulieren

- Das Hauptthema (Hauptzweig) formulieren und in der Mitte des Blattes notieren. Als Vorstufe kannst du auch einen zusammenhängenden Text aus dem Gedächtnis zum Thema schreiben, aus dem du dann die „Schlüsselwörter" herausschreibst und danach deine Mindmap entwirfst.
- Verschiedene Hauptäste zeichnen und benennen, die in verschiedene Richtungen vom Hauptthema ausgehen.

**Tipp:** Nur Stichworte notieren, evtl. unterschiedliche Farben (Symbole, Bilder) für Haupt- und Unteräste verwenden

### 2. Schritt: Unterthemen finden

- Die Hauptthemen mit Unterthemen benennen und zu jedem Ast Informationen notieren.
- Weitere Unteräste zeichnen, um Details einzuordnen.

### 3. Schritt: Auswertung

- Ergebnisse in Kurzvorträgen vorstellen (Tafel, Folie o. Ä.) und im Gespräch prüfen.
- Offenheit und Ergänzbarkeit der Entwürfe feststellen und begründen.

## Einen historischen Sachverhalt klären

**Arbeitsschritte**

### 1. Schritt: Fragestellung festlegen und Material suchen

- Lege fest, worüber du Informationen finden willst.
- Erste Informationen über solche und andere Fragen findest du in der Schul- und Stadtbibliothek. Lexika, Geschichts- und Sachbücher geben Hinweise. Auch im Internet kannst du fündig werden.

### 2. Schritt: Material sichern

- Sichere die gefundenen Materialien, indem du Texte kopierst oder wichtige Aspekte stichpunktartig notierst, Internet-Dateien herunterlädst und auf dem PC speicherst oder sofort ausdruckst.
- Wenn du viele Informationen gesammelt hast, empfiehlt es sich, die Materialien in einem Schnellhefter oder Ordner aufzuheben.

### 3. Schritt: Materialien auswählen

- Überprüfe, welche Informationen doppelt, unwichtig, veraltet oder vermutlich fehlerhaft sind. Sortiere diesen „Infomüll" aus.
- Überlege, welche Informationen sich für dein Vorhaben (Referat o. Ä.) eignen.

### 4. Schritt: Ergebnisse vergleichen und bewerten

- Bewerte nach der Recherche die verschiedenen Informationsquellen: Wie lange hat die Suche jeweils gedauert? Hast du die Antworten auf die Fragen bekommen, die du gestellt hast? Wo siehst du Vorteile, wo Nachteile der jeweiligen Informationsquelle?

Die mit einem * versehenen Begriffe werden im Lexikon näher erklärt.



## Bildquellen

Cover: picture-alliance/dpa/© dpa (Hintergrund); Cover: Sultan Edijingo/Wikimedia Commons (vorne links); 6/7 picture-alliance/akg-images; 7 o. NASA; 7 u. bpk/RMN/Thierry Ollivier; 10 The art archive; 11 Biblioteca Estense Modena/Scala; 12 Photo Scala Archive, Florenz; 13/M1 Interfoto; 14 bpk – Kartenabteilung; 15 The art archive; 17 akg-images; 18 Pallaske; 19 Robert Harding/Picture Library; 21 akg-images; 23 Fotos Volker Junker; 25 Cliché Bibliothèque nationale de France, Paris; 26 The art archive; 27 Artothek; 29/M2 © Bettmann/CORBIS; 29/M4 l. picture-alliance/EPA/Olivier Matthys; 29/M4 r. picture-alliance/dpa; 30 Bayerische Staatsbibliothek München; 31 akg-images; 34/35 bpk; 35 o., u. akg-images; 38 akg-images; 39 Fürstlich und Gräflich Fuggersches Familien- und Stiftungsarchiv, Privatbesitz; 40 o. r., M1 akg-images; 40/M2 aus: Leonardo da Vinci, Belzer, Stuttgart 1985; 41 Photo Scala Archive, Florenz; 42 The Bridgeman Art Library; 43/M2 picture-alliance/akg-images; 43/M5 akg-images; 45 ullstein bild – Archiv Gerstenberg; 46 bpk; 47 akg-images; 48/M1 l. Focus, Hamburg; 48/M1 r. Karger Decker/Interfoto; 49 akg-images/Erich Lessing; 51/M1 bpk; 51 o., 52, 53/M4 akg-images; 53/M5 bpk; 55 akg-images; 56 © Banco de México Diego Rivera Frida Kahlo Museums Trust/VG Bild-Kunst, Bonn 2012; 58, 60, 61 bpk; 64 Getty Images; 65 Friedrich Verlag, Velber; 67 Nationalmuseum Stockholm; 68 Landesbibliothek Mecklenburg-Vorpommern, Schwerin; 70 ullstein bild – Granger Collection; 72 akg-images; 73 Musée national d'histoire et d'art, Luxembourg; 75/M1 akg-images; 75/M2 ullstein bild – Granger Collection; 78/79 picture-alliance/ASA; 79 o. akg-images; 79 u. SZ Photo; 81 Deutsches Museum, München; 82 akg-images; 83 aus: Stephan Füssel, Gutenberg und seine Wirkung, Darmstadt, Wissenschaftliche Buchgesellschaft 1999